Thomas Neuhold

60 Super Skitouren

Impressum

Bibliografische Information der Deutschen Nationalbibliothek
Die Deutsche Nationalbibliothek verzeichnet diese Publikation in der Deutschen Nationalbibliografie; detaillierte bibliografische Daten sind im Internet über http://dnb.d-nb.de abrufbar.

5020 Salzburg, Bergstraße 12

Lektorat: Martina Schneider
Covergestaltung: Tanja Kühnel
Grafik und Produktion: Nadine Löbel
Karten: Arge-Kartografie
Fotos: Thomas Neuhold
Druck: Druckerei Theiss, St. Stefan im Lavanttal
Gedruckt in Österreich
ISBN 978-3-7025-0726-8
1 2 3 4 5 6 / 17 16 15 14

www.pustet.at

Thomas Neuhold

60 SUPER SKI TOUREN

VERLAG ANTON PUSTET

Inhaltsverzeichnis

Ab in den Winter

Der Skitourensport boomt. Die Zahl der Aktiven geht in die Hunderttausende. Wer von den „alten Hasen“ unter den Skitourengehern hätte vor zwei Jahrzehnten geahnt, dass unsere von November bis Juni andauernde Leidenschaft für das winterliche Gebirge einmal ein richtiger Trendsport wird? Wohl die Wenigsten.

Obschon, ganz so überraschend kommt die Entwicklung auch wieder nicht. In einer immer komplexer werdenden Welt wächst die Sehnsucht nach Ursprünglichkeit. Und wo ist man dieser – scheinbar oder tatsächlich – näher als im Winter, wenn der Schnee die eine oder andere Zivilisationssünde mit gnädigem Weiß bedeckt?
Auf den Kunstschneepisten regiert Tempo, am Abend steppt der Bär beim Apres-Ski. Das ist für viele längst das Gegenteil von Erholung, Entspannung und Entschleunigung. Da schon lieber im gleichmäßigen Rhythmus die eigene Spur ziehen und in staubendem Pulver oder schmierigem Firn talwärts rauschen.
Freilich haben auch ganz banale, technische Faktoren dem Skibergsteigen einen enormen Schub verpasst. Die schweren Holzlatten von einst sind passé, heute regiert der spritzige Tourencarver, mit dem auch weniger Begabte halbwegs souverän talwärts schwingen können. Schuhe, Bindung, Bekleidung – alles hochmodern, leicht und schick noch obendrein. High-Tech regiert auch am Berg.

Tourenschmankerl

Der Trend ist auch an der Führerliteratur nicht spurlos vorübergegangen. Unzählige Internetplattformen und -foren, jede Menge Auswahlführer stehen uns für die Tourenplanung zur Verfügung. Da ist guter Rat teuer. Für den Salzburger Raum haben wir – der Doyen der Salzburger Skibergsteigerei Clemens M. Hutter und der Verfasser dieser Zeilen – 2011 einen Tourenatlas für Salzburg und Berchtesgaden mit 555 Skitourenzielen zusammengestellt.
Schon bei der Zusammenstellung des Atlas war aber klar: Einem Vollständigkeitsanspruch kann man nicht genügen. Und so erfüllt der vorliegende Band mit seinen 60 Touren gleich zwei Aufgaben: Zum einen bietet er 60 Skitouren, die aus den verschiedensten Gründen das Prädikat „super“ verdienen. Manche sind nur an ganz wenigen Tagen im Jahr machbar; echte Schmankerl sozusagen, auf die mancher Tourenprofi ein halbes Leben lang wartet. Andere wiederum sind Klassiker, die aus Platzgründen im Skitourenatlas keinen Niederschlag gefunden haben. Das Buch ist also auch eine gute Ergänzung zum Skitourenatlas.

Planung

Geografisch umfassen die Super-Touren die Region zwischen Kaisergebirge im Westen und den Schladminger Tauern im Osten, zwischen Höllengebirge im Norden und den Nockbergen beziehungsweise der Hafnergruppe im Süden. Gebirgszüge also, die für uns Salzburgerinnen und Salzburger wie auch für Besucher von Bedeutung sind. Sie umspannen gleichzeitig auch die ganze Vielfalt der winterlichen Bergwelt.

Die Kartenskizzen im Buch sollen die Orientierung und die Verständlichkeit der Routenbeschreibung erleichtern. Sie ersetzen in keinem Fall das eigenständige Studium von Karten, Lawinenlage- und Wetterbericht! Übrigens: Wetter- und Webcams oder das Tourenportal des Salzburger Lawinenwarndienstes bieten eine gute Informationsbasis zur Beurteilung der Schneesituation fern der unmittelbaren Heimat.

Die Anforderungen wurden so gewählt, dass sowohl Einsteiger als auch Routinierte auf ihre Kosten kommen; auf ganz harte Extremtouren im 50-Grad-Gelände wurde freilich verzichtet. Niemand soll zu einem zu hohen Risiko verleitet werden.

Die im Buch enthaltenden Höhenmeterangaben sind auf 50 Meter gerundet. Zeitangaben sind faire Richtwerte. Sie können bei entsprechenden Bedingungen von gut Trainierten leicht unterboten werden. Allerdings: Bei vereister Spur, bei viel Neuschnee mit Spurarbeit können auch Konditionsriesen ins Schwitzen kommen.

Zur Planung gehört das Bewusstsein, sich am Berg nicht im rechtsfreien Raum zu bewegen. Auch wenn manche Gerichtsurteile diskussionswürdig erscheinen: Wer andere gefährdet, muss sich dafür verantworten. Auch am Berg, auch auf Skitour.

Regeln gibt es natürlich. Schutzzonen für Tiere, Sperrgebiete und Ähnliches haben meist einen guten Grund. Wildfütterungen und Aufforstungsflächen sind tabu. Wer aber den Verdacht hat, dass Grundbesitzer willkürlich Sperren verhängen, sollte das umgehend den alpinen Vereinen melden. Die Wegefreiheit ist ein hohes Gut, das es vor allerhand Begehrlichkeiten zu schützen gilt.

Achtung Dreier

Eine normale Skitourensaison dauert in unseren Breiten etwa sechs Monate. Auch auf die Wechsel der Gegebenheiten vom Frühwinter bis zum Frühsommer versucht der vorliegenden Skitourenführer einzugehen. Die Entscheidung, welche Tour wann machbar ist, muss aber jedes Mal aufs Neue getroffen werden. Keine Situation gleicht der anderen. Nur weil ein Hang bisher immer gehalten hat, muss das noch lange nicht bedeuten, dass nicht morgen dort ein Schneebrett ausgelöst werden kann. Deshalb sind auf den folgenden Seiten auch immer mögliche Alternativvarianten zur vorgeschlagenen Route zu finden.
In seinen Empfehlungen zum Risikomanagement auf Skitour formuliert der Alpenverein: „Informiere dich vor Antritt der Tour eingehend über die aktuelle Gefahrenstufe (Europäische Gefahrenskala für Lawinen in 5 Stufen). Achte besonders auf die Angaben zu den Gefahrenstellen (Wo ist es heute gefährlich?) und Gefahrenquellen (Was ist heute die Hauptgefahr?)." Besonders gefährlich ist die Lawinenwarnstufe „drei". Leider wird diese häufig immer noch mit dem Schulnotensystem „befriedigend" verwechselt. Tatsächlich bedeutet der „Dreier" aber „erhebliche Lawinengefahr"!

Achtung Hangneigung

Der wichtigste Zusammenhang zur Vermeidung von Schneebrettern ist jener zwischen Lawinenwarnstufe und Hangneigung (siehe Grafik des Lawinenwarndienstes). Basierend auf der Reduktionsmethode des Schweizer Lawinenforschers Werner Munter hat der Alpenverein die Methode „Stop or Go" entwickelt. Dabei wird während einer Tour laufend die Hangneigung mit der Lawinenwarnstufe gegengecheckt:
Check 1: Lawinenwarnstufe 2 – nur Hänge unter 40 Grad, Stufe 3 – alle Hänge unter 35 Grad, Stufe 4 – nur Hänge unter 30 Grad befahren
Check 2: Laufende Beurteilung folgender Faktoren: Neuschneemenge? Frischer Triebschnee? Frische Lawinen? Setzungsgeräusche oder Risse in der Schneedecke? Starke Durchfeuchtung?
Die Lektüre diverser Lehrmethoden ersetzt übrigens keine fundierte Ausbildung. Lernen Sie daher den Umgang mit dem LVS-Gerät,

lernen Sie den Umgang mit Schaufel und Sonde, lernen Sie die Gefahrenbeurteilung im Gelände. Am besten bei einem Kurs der alpinen Vereine oder privater Anbieter. Nur so können Sie im Fall der Fälle ihren Begleitern schnell und effektiv helfen. Denn wer länger als 15 Minuten verschüttet ist, hat ganz schlechte Karten.
Es muss freilich gar nicht zum Äußersten kommen. Ein simpler Bänderriss reicht aus, und man ist auf Hilfe angewiesen. Neben einer kompletten Ausrüstung samt Biwaksack, weil selbst der Hubschrauber seine Zeit braucht, sollte man auch an eine Versicherung denken. Entweder über die alpinen Vereine oder direkt über die Bergrettung. Das kostet in Relation zur Ausrüstung nichts, bringt im Notfall aber viel.

Achtung Gruppe

Werner Munter spricht in der Lawinenkunde von zwei instabilen Systemen: Die Schneedecke und der Mensch. Denn auch der Mensch ist ein Risikofaktor. Die Erfahrungsfalle („da ist noch nie was passiert") ist genauso tückisch wie der Gruppendruck. Wer glaubt, in der Gruppe Leistung zeigen zu müssen, wer Bedenken oder eigene Probleme nicht thematisiert, handelt fahrlässig und gefährdet sich und andere. Apropos Gruppe: Immer wieder ist zu beobachten, wie mehrere Leute gemeinsam in einen Hang hineinstechen. Sicherheitsabstände beim Anstieg (zehn Meter mindestens) und das Einzelbefahren von Hängen sind aber ein wesentliches Element zur Verringerung des Lawinenrisikos.
Umgekehrt gilt: Für Alleingänger kann sich schon ein kleines Hoppala zu einem echten Problem auswachsen. Daher sind immer Daheimgebliebene über Route, Ziel und Rückkehr zu informieren.

Schöne Touren

Von der Planung über den Aufstieg bis zur Abfahrt: Vielen gilt das Unterwegssein im Wintergebirge als die ganzheitlichste Form des Bergsteigens.

Viel Spaß und kommen Sie gut wieder ins Tal.
Thomas Neuhold

Gefahren-stufe	Schneedecken-stabilität	Lawinen-Auslösewahrscheinlichkeit	Auswirkungen	Hangneigung
1 gering	Die Schneedecke ist allgemein gut verfestigt und stabil	Auslösung ist allgemein nur bei großer Zusatzbelastung** an sehr wenigen extremen Steilhängen möglich. Spontan sind nur kleine Lawinen (sogenannte Rutsche) möglich.	Allgemein sichere Tourenverhältnisse	30 40
2 mäßig	Die Schneedecke ist an einigen Steilhängen* nur mäßig verfestigt, sonst allgemein gut verfestigt.	Auslösung ist insbesondere bei großer Zusatzbelastung** vor allem an den angegebenen Steilhängen möglich. Größere spontane Lawinen sind nicht zu erwarten.	Unter Berücksichtigung lokaler Gefahrenstellen günstige Tourenverhältnisse.	30 40
3 erheblich	Die Schneedecke ist an vielen Steilhängen* nur mäßig bis schwach verfestigt.	Auslösung ist bereits bei geringer Zusatzbelastung** vor allem an den angegebenen Steilhängen möglich. Fallweise sind spontan einige mittlere, vereinzelt aber auch große Lawinen möglich.	Skitouren erfordern Erfahrung in der Lawinenbeurteilung; Tourenmöglichkeiten stark eingeschränkt.	30 40
4 groß	Die Schneedecke ist an den meisten Steilhängen* schwach verfestigt.	Auslösung ist bereits bei geringer Zusatzbelastung** an zahlreichen Steilhängen wahrscheinlich. Fallweise sind spontan viele mittlere, mehrfach auch große Lawinen zu erwarten.	Skitouren erfordern viel Erfahrung in der Lawinenbeurteilung. Tourenmöglichkeiten stark eingeschränkt.	30 40
5 sehr groß	Die Schneedecke ist allgemein schwach verfestigt und weitgehend instabil	Spontan sind zahlreiche große Lawinen auch im mäßig steilen Gelände zu erwarten	Skitouren und Variantenfahrten sind allgemein nicht möglich	30 40

* Im Lawinenlagebericht im Allgemeinen näher beschrieben

** Zusatzbelastung

– groß: z. B. Skifahrergruppe ohne Abstände, Pistenfahrzeug, Lawinensprengung

– gering: z. B. einzelne Skifahrer, Fußgänger

In dieser Grafik stellt der Salzburger Lawinenwarndienst den Zusammenhang zwischen Lawinenwarnstufe und Hangeignung dar.

Checkliste Ausrüstung:
Tourenski (inklusive Bindung, Skistopper, Harscheisen, Felle)
Stöcke mit Wintertellern
Skitourenschuhe
LVS-Gerät, Schaufel, Sonde
ABS-Rucksack
Skihelm
Bekleidung (Schichtenprinzip, Funktionswäsche, winddichte Überbekleidung)
Wechselwäsche
2 Paar Handschuhe (dünn/dick)
Haube
Sonnenhut/Kappe
Trinkflasche (mind. ein Liter)
Jause
Biwaksack
Verbandszeug
Signalpfeife
Handy
Stirnlampe
Sonnencreme, Lippenschutz, Sonnenbrille
Landkarten, Führerliteratur
Höhenmesser und Kompass
Taschentücher
Werkzeugmesser
Geld
Fotoapparat
GPS-Gerät (eventuell)
Hüttenschlafsack, Waschzeug, Hüttenpatschen etc. (für Mehrtagestouren)

Wichtige Rufnummern/ Internetseiten:

Europäischer Notruf
(funktioniert oft bei schlechtem Empfang ohne Pin): 112

Alpines Notsignal:
Hör- oder sichtbares Signal sechs Mal pro Minute – also alle zehn Sekunden. Antwort: Drei Mal in der Minute.

Bergwetter Österreich:
www.zamg.ac.at
Bergwetter Alpenraum:
www.alpenverein.at/portal/wetter
Lawinenwarndienste Österreich:
www.lawine.at
Lawinenwarndienst Bayern:
www.lawinenwarndienst-bayern.de
Lawinenwarndienst Salzburg:
www.lawine.salzburg.at
Österreichischer Alpenverein:
www.alpenverein.at
Naturfreunde Österreich:
www.naturfreunde.at
Deutscher Alpenverein:
www.alpenverein.de
Bergrettung Österreich:
www.bergrettung.at
Bergwacht Bayern:
www.bergwacht-bayern.de

1 Ebensee – Attersee

Höllengebirge

Die Überschreitung des Höllengebirges ist ein Skitourenklassiker. Durch die Feuerkogelseilbahn ist der Zustieg auf das Plateau mühelos. Dies darf freilich nicht zum Leichtsinn verführen. Trotz Wintermarkierung ist bei Nebel der Weg nur schwer zu finden.

Anforderung: Plateau-Überschreitung, am besten als Zweitagestour. Nur bei guter Sicht und ausreichender Schneelage. Rund 5 Stunden und 800–1000 Höhenmeter (viele Gegenanstiege). Abfahrt durch das Aurachkar steil.

Gipfel: Höllkogel 1862 m, Pfaffengrabenhöhe 1691 m.

Ausrüstung: Skitourenausrüstung, Hüttenschlafsack, Wechselkleidung, zweiter Pkw.

Ausgangspunkt/Anfahrt: Bergstation Feuerkogelseilbahn von Ebensee (www.feuerkogel.net)

Route: Von der Bergstation durch das Liftgebiet südlich des Heumahdgupfs vorbei in das Edltal, nach Südwesten ansteigend am Totengrabengupf vorbei in die Höllkogelgrube. Von hier südwestlich auf den

Die Fotoperspektive täuscht: Das Aurachkar ist steil.

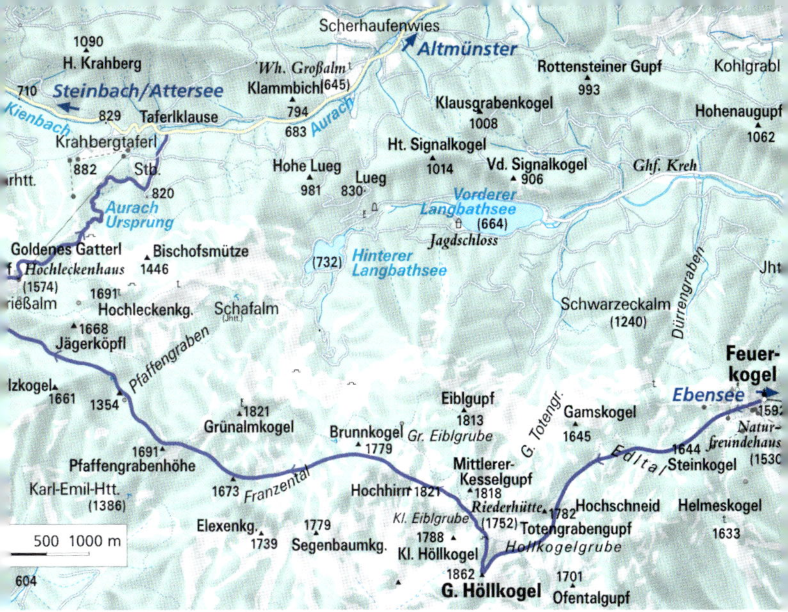

Höllkogel und zur Rieder Hütte abfahren. Am nächsten Morgen entlang der Stangenmarkierung westwärts Richtung Hochhirn und zwischen Hochhirn und Brunnkogel in das Franzental abfahren. Weiter nach Nordwesten auf die Pfaffengrabenhöhe, in den Graben nordwärts abfahren und nach Nordwesten zum Hochleckenhaus. Abfahrt entlang des Sommerweges zum Goldenen Gatterl unter der Materialseilbahn hindurch zum Jausenstein. Von hier sehr steil eine Rinne hinunter, an deren Ende man durch engen Wald zum Sommerweg nach Osten quert. Über den Weg abwärts zu einer Skipiste und zum Parkplatz bei der Taferlklause.

Einkehr: Rieder Hütte (www.riederhütte.eu), Hochleckenhaus (www.hochleckenhaus.at)

Variante/Tipp: Auch als Tagestour – dann aber ohne Höllkogel – machbar.

Weitere Touren in der Region: Skitourenatlas Salzburg – Berchtesgaden, Routen 12–18

2 Leonsberg/Zimnitz

Attersee

Der Leonsberg (bzw. die gesamte Zimnitz) ist von Bad Ischl aus gesehen eine wuchtige, mehrgipfelige Berggestalt. Von der Nordseite her macht das Gelände keinen einladenden Eindruck, hier finden Spezialisten aber – entsprechende Schneelage vorausgesetzt – eine lange und nicht zu unterschätzende Salzkammergut-Tour.

Anforderung: Anspruchsvolle Hochwintertour. 1300 Höhenmeter und 3,5 Stunden im Anstieg. Orientierungssinn notwendig. Nur bei ausreichender Schneelage sinnvoll.

Gipfel: Leonsberg/Zimnitz 1745 m.

Ausrüstung: Skitourenausrüstung.

Ausgangspunkt/Anfahrt: Parkplatz bei den Gimbach-Kaskaden an der Weißenbach-Straße. Zufahrt über Weißenbach/Attersee oder von der Straße Ischl–Ebensee.

Route: Vom Parkplatz über ein Brückerl auf die andere Bachseite. Kurz bachabwärts zu einer Forststraße (Hütte) und auf der Straße bis zu einer

Auf dem Gipfel der Zimnitz.

scharfen Rechtskurve nach dem Wilden Graben bergauf. Hier entlang des deutlich erkennbaren, aber nicht markierten Steigs nach Südwest, eine Forststraße querend bis sich der Steig langsam verliert. Nun hält man sich am besten entlang der Abbrüche des Wilden Graben auf einem Rücken, bis man (sehr steil, kurz felsig) am Punkt 1413 auf die Almflächen gelangt. Ab hier eben, dann sogar leicht fallend zu den Leonsbergalmen und über den breiten Nordhang oder den Nordwestrücken zum Gipfel. Abfahrt wie Anstieg.

Einkehr: Gasthof zur Post in Weyregg am Attersee (www.kaisergasthof.at)

Variante/Tipp: Nach der Abfahrt zu den Leonsbergalmen entlang der Eisenschneid nach Südosten einen kurzen Abstecher zum Trattenspitz (1 556 m).

Weitere Touren in der Region: Skitourenatlas Salzburg – Berchtesgaden, Routen 6–13

3 Sandling

Altaussee

Bei den Einheimischen heißt der Sandling schlicht Salzberg. Hier finden sich bis heute riesige Salzvorkommen. Seine steil abfallenden Felsflanken haben Schwachstellen, zwischen denen man sich mit einer einigermaßen sicheren Skitechnik elegant durchschwindeln kann.

Anforderung: Kurze, aber recht anspruchsvolle Skitour. Nur bei stabilen Verhältnissen. 850 Höhenmeter und 2,5 Stunden im Anstieg.

Gipfel: Sandling 1717 m.

Ausrüstung: Skitourenausrüstung.

Ausgangspunkt/Anfahrt: Parkplatz Loserlifte. Zufahrt über Altaussee nach Norden.

Route: Vom Parkplatz bei den Loserliften auf der Piste nach Westen (den rechten Pistenast nehmen) bis man auf Höhe des Rehkogels auf den Sommerweg trifft. Entlang des Weges nach Nordwesten durch Wald zu den Sandlingalmen und westwärts, bis der Sommerweg Nr. 251 abzweigt. Hier zunehmend steil nach Süden an eine Fels- und

Abfahrt vom Sandling mit Blick auf den Loser.

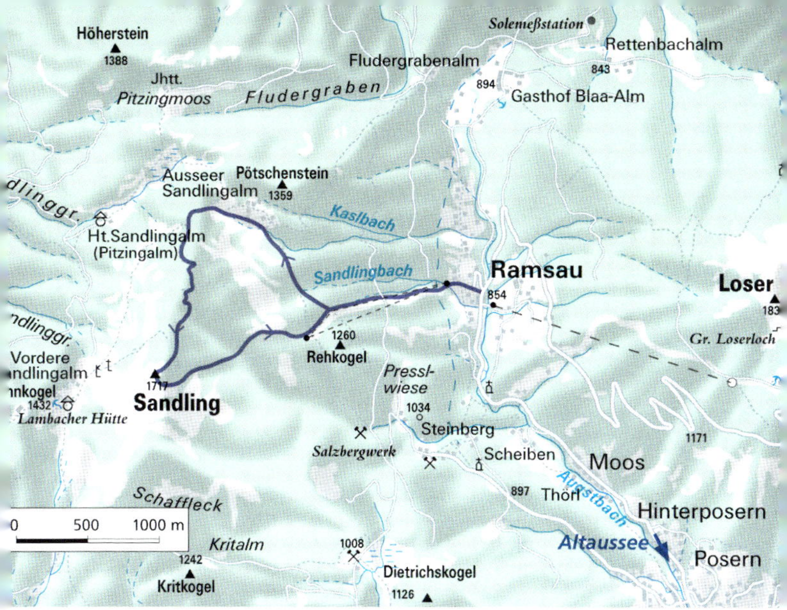

Latschenbarriere heran, kurz nach Südost ausqueren und durch die Latschen steil auf das Plateau. Etwas links des Sommerweges zum Gipfelaufbau und über den Nordosthang auf den Gipfel. Abfahrt wie Anstieg oder vom Gipfel auf einem Rücken nach Südosten zu einer auffallenden Felsformation und hier nach Nordosten eine breite, aber steile Rinne in eine Senke hinunter, dann etwas rechtshaltend einer Felsbarriere in einem Bogen bis zu einer weiteren Rinne nach Nordosten folgen. Diese steil hinunter und durch den gut fahrbaren Wald auf die Piste. Bei der Pistenverzweigung links halten, um wieder auf die Anstiegspiste zu kommen.

Einkehr: Gasthof Sarsteinblick im Ortsteil Lupitsch (Zufahrt von der Bundesstraße über den Pötschenpass)
Tel.: +43 (0) 3622 71365

Variante/Tipp: Pistenskitour auf den Loser (www.loser.at)

Weitere Touren in der Region:
Skitourenatlas
Salzburg – Berchtesgaden,
Routen 91–92

4 Kampl — Bad Aussee

Eine einfache Tour, nordseitig, daher nach Schneefällen mit hoher Pulverwahrscheinlichkeit. Und das Ganze noch in der Traumlandschaft des steirischen Salzkammergutes. Ideal, um Tourenneulingen Lust auf mehr zu machen.

Anforderung: Einfache Skitour, auch für Einsteiger geeignet. 900 Höhenmeter, 3 Stunden Anstieg.

Gipfel: Kampl 1685 m.

Ausrüstung: Skitourenausrüstung.

Ausgangspunkt/Anfahrt: Abzweigung Weißenbachstraße beim Weiler Gruben. Zufahrt von der B 145 über Pichl-Kainisch/Radlingpass oder über Bad Aussee Zentrum Richtung Kainisch.

Route: Von der Straßenabzweigung entlang der Straße (Abschneider sinnvoll) hinauf bis zum letzten Gehöft. Hier über die Wiesen nach Südost auf die Almstraße und lange taleinwärts bis auf Höhe der Weißenbachalmen. Weiter entlang des Sommerweges nach Süden durch den engen Eisengraben

Die Hochfläche am Kampl im Hochwinter.

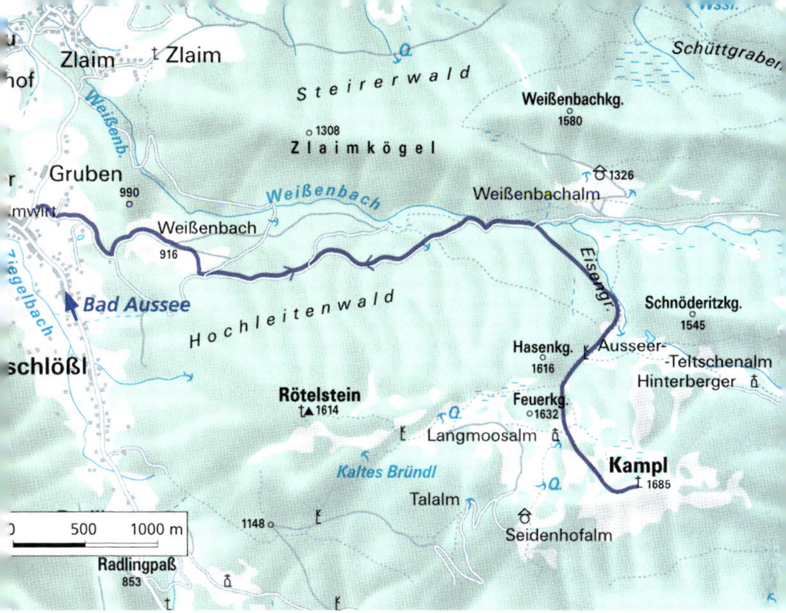

zu einigen Hütterln und in einem Bogen entlang des Hasenkogels auf eine Hochfläche. Am südlichen Ende dieser Fläche steht das Kreuz. Abfahrt wie Anstieg.

Einkehr: Kurcafé Lewandofsky in Bad Aussee (www.temmel.com/lewandofsky)

Variante/Tipp: Man kann den Anstieg abkürzen, wenn man schon vor den Weißenbachalmen in einer auffallenden Linkskurve (bald nach einer kleinen Schottergrube vom Straßenbau) von der Zustiegsstraße nach rechts abzweigt. Hier geht es dann durch lichten Wald, einige kleine Gräben und Hügel zu den Felsen des Hasenkogels, die einen automatisch nach links (Osten) abdrängen, bis man etwas oberhalb einiger Hütten auf den Sommerweg trifft. Abfahrt besser über den Normalanstieg.

Weitere Touren in der Region:
Skitourenatlas
Salzburg – Berchtesgaden,
Routen 91–92

5 Elm

Totes Gebirge

Auf dem Elm bekommt man ein Gefühl für die Weite. Der skifreundliche Kegel am Rand der riesigen Plateaufläche des Toten Gebirges bietet sich als Überblicksberg an. Aber wer glaubt, dass am Horizont das Tote Gebirge aufhört, irrt. Dahinter kommt bestimmt noch ein Berg.

Anforderung: Anspruchsvolle, lange Skitour. 1400 Höhenmeter und 4,5 Stunden Anstieg.

Gipfel: Elm 2128 m.

Ausrüstung: Skitourenausrüstung.

Ausgangspunkt/Anfahrt: Schachen. Zufahrt vom Ort Grundlsee am Nordufer Richtung Gößl bis kurz nach der Murbodenhütte.

Route: Von Schachen entlang der Forststraße (erste Kehre abkürzen) zur Vorderbachalm. Konsequent auf der Straße bleiben bis zum Hinterbach, hier (Skimarkierung) durch lichten Wald nach Nordosten abzweigen und entlang der Liagern zu einer Jagdhütte.

 Einsames Kreuz im Toten Gebirge: Auf dem Elm.

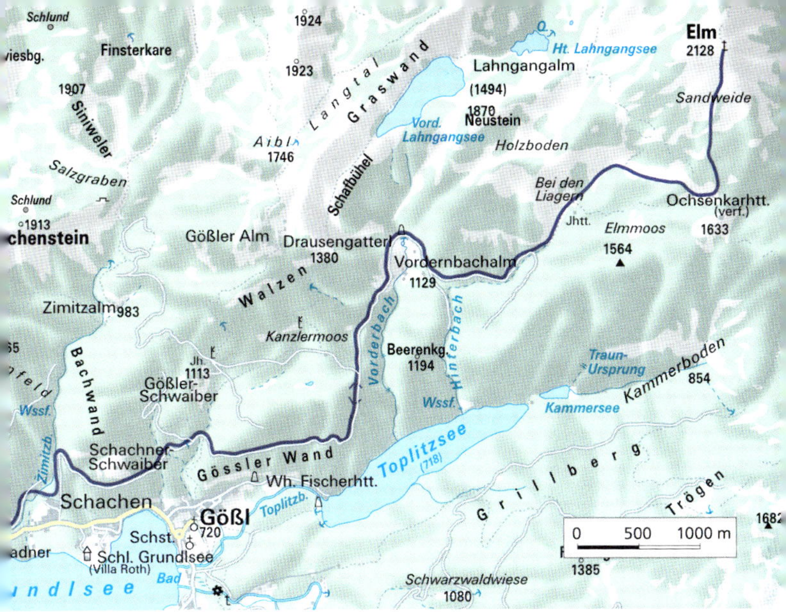

Weiter nach Osten, bis sich das kupierte Gelände baumlos zeigt, und nach Norden über die Sandweide auf den Gipfel. Die Gipfelwechte wird meist links umgangen. Abfahrt (50 Höhenmeter Gegenanstieg bei der Vorderbachalm) wie Anstieg.

Einkehr: Murbodenhütte (www.murbodenhuettl.com)

Variante/Tipp: Vom Gipfel auf der Nordseite zur Pühringerhütte abfahren (Winterraum mit AV-Schlüssel) und am nächsten Tag über die Lahngangseen retour nach Schachen (nur bei stabiler Wetterprognose – Sicht!).

Weitere Touren in der Region:
Skitourenatlas
Salzburg – Berchtesgaden,
Routen 91–92

6 Wankgupf

Katergebirge

Am Verbindungskamm vom Katergebirge zum Rettenkogelkamm finden sich einige unbekannte Gipfel. Alles von einem dichten Waldgürtel „geschützt". Entsprechend wenig ist hier los.

Anforderung: Bis zur Scharte zwischen Wankgupf und Bergwerkskogel einfache Skitour. Der Gipfelanstieg selbst ist sehr steil und nur bei stabilen Verhältnissen sowie entsprechender Skitechnik machbar. 1150 Höhenmeter und 3 Stunden Anstieg.

Gipfel: Wankgupf 1683 m.

Ausrüstung:
Skitourenausrüstung.

Ausgangspunkt/Anfahrt:
Ramsau an der Verbindungsstraße Strobl – Bad Ischl direkt an der Landesgrenze. Zufahrt über den Gasthof Zur Wacht.

Route: Vom Parkplatz beim letzten Bauernhof (542 m) über die Brücke beim Schöffaubach und auf der Waldstraße nach Süden bis zu einer Jagdhütte, die kurz vor einer kleinen Brücke zur Oberen Schöffaualm steht. Bei dieser Hütte einen Ziehweg nach Süden hinauf zu einem

Im Sattel zwischen Wankgupf und Bergwerkskogel.

großen Schlag und über diesen nach Südwesten auf eine Forststraße. Auf dieser nach Westen bis zum Ende und entlang des Sommerweges hinauf zur Laufenbergalm (1307 m). Bei der Alm verlässt man den Sommerweg und steigt nach Südwesten (Landesgrenze) in den Sattel zwischen Wankgupf und Bergwerkskogel. Vom Sattel nach Südosten bis zu einem Felsaufbau, unter diesem hindurch und kurz sehr steil eine rinnenartige Steilfläche hinauf, durch Latschen und Felsen auf den Kamm. Über diesen (Wechten, Absturzgelände!) zum höchsten Punkt. Abfahrt wie Anstieg.

Einkehr: Gasthof zur Wacht (www.zurwacht.at), Wiesenwirt in Abersee-Gschwandt (www.wiesenhof-abersee.com)

Variante/Tipp: Schlechtwetter- und Trainingstour auf die Katrinalm (www.katrinseilbahn.com)

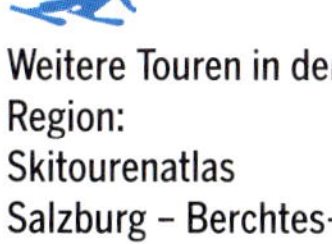

Weitere Touren in der Region: Skitourenatlas Salzburg – Berchtesgaden, Routen 6–17

7 Roßkopf

Katergebirge

Wie der Wankgupf (Tour 6) liegt auch der Roßkopf von einem Waldgürtel abgeschirmt weit weg vom Tourenrummel anderer Bergziele im Salzkammergut. Über das freie Ahornfeld hat man einen formidablen Blick auf den Wolfgangsee.

Anforderung: Anspruchsvolle Skitour, 1100 Höhenmeter und 3,5 Stunden Anstieg. Orientierungssinn erforderlich. Nur bei guter Schneelage sinnvoll.

Gipfel: Roßkopf 1657 m.

Ausrüstung:
Skitourenausrüstung.

Ausgangspunkt/Anfahrt:
Ramsau an der Verbindungsstraße Strobl–Bad Ischl direkt an der Landesgrenze. Zufahrt über den Gasthof Zur Wacht.

Route: Vom Parkplatz beim letzten Bauernhof (542 m) entlang des Sommerweges Nr. 894 nach Süden, bis dieser den schmalen Hohlweg verlässt, und weiter entlang der Sommermarkierung bis zu einer Forststraße. Hier scharf rechts (Südwest) und der Straße kon-

Blick vom Roßkopf über das Ahornfeld auf den Wolfgangsee.

sequent folgend bis zu einer Linkskehre (Abkürzung möglich) und weiter, bis man wieder auf die Sommermarkierung trifft. Danach eine Abkürzung bergauf zur nächsten Forststraße, an einem Gedenkkreuz vorbei und gleich danach der Abzweigung des Sommerweges nach Süden folgend zum Feichtenstüberl. Dann einen sehr steilen, licht bewaldeten Hang hinauf auf das freie Ahornfeld und zum Gipfel. Abfahrt wie Anstieg.

Einkehr: Gasthof zur Wacht (www.zurwacht.at), Wiesenwirt in Abersee-Gschwandt (www.wiesenhof-abersee.com)

Variante/Tipp: Schlechtwetter und/oder Trainingstour auf die Katrinalm (www.katrinseilbahn.com)

Weitere Touren in der Region: Skitourenatlas Salzburg – Berchtesgaden, Routen 6–17

8 Egelseehörndlrunde

Osterhorngruppe

Eine große Unternehmung in der Osterhorngruppe.

Anforderung: Anspruchsvolle Skitourenrunde, konditionell fordernder Rhythmuswechsel. Nur bei stabilen Verhältnissen. 1250 Höhenmeter, 6 Stunden.

Gipfel: Pitschenberg 1720 m, Egelseehörndl 1782 m.

Ausrüstung: Skitourenausrüstung.

Ausgangspunkt/Anfahrt: Parkplatz Lienbachhof. Zufahrt über die Postalm-Mautstraße.

Route: Vom Lienbachhof nach Westen und entlang des Sommerweges an der Erlbachhütte vorbei in den breiten Sattel zwischen Labenberg und Pitschenberg. Vom Sattel nach Norden zur Pitschenbergalm und über viele Mulden und Kuppen zum Gipfelhang des Pitschenberges. Beliebig zum Kreuz. Abfahrt (steil) entlang des Sommerweges nach Nordwest – im unteren Teil des Hanges Durchschlupf durch ein Felsband– bis unter das Osterhorn. Wieder anfellen, flach an der Zinkenorthütte vorbei und über das Roßfeld südwärts auf den Grat zum Gipfel

Über den Nordrücken auf das Egelseehörndl.

des Egelseehörndls. Abfahrt kurz entlang des Südostrückens zu einem Felsdurchschlupf und steil in den Gipfelhang queren. Dann frei nach Osten bis zirka 1550 Meter Seehöhe, wieder auffellen und auf den Rücken zwischen Egelseenordgrat und Punkt 1610 aufsteigen. Abfahrt nach Nordosten über die Fahrkaralm bis zur Straße. Nach der Zinkenbachfurt (1100 m) an zwei Hütten vorbei und entlang eines gut sichtbaren Steiges parallel zum Klausbach hinauf zu einer Jagdhütte. Dann entlang der Anstiegsspur retour zum Lienbachhof.

Einkehr: Lienbachhof (www.lienbachhof.at)

Variante/Tipp: Lohnend (zweites Auto) ist auch die Durchquerung der Osterhorngruppe. Nach der Abfahrt vom Pitschenberg auf den Verbindungsrücken Osterhorn – Hoher Zinken und entlang des Normalweges über die Genneralm nach Lämmerbach abfahren.

Weitere Touren in der Region: Skitourenatlas Salzburg – Berchtesgaden, Routen 14–18

9 Illingerberg

Osterhorngruppe

Der Illingerberg ist sozusagen die sanfte Variante zum Königsberghorn mit seiner steilen Nordwestflanke und auch bei weniger idealen Bedingungen weitgehend gefahrlos machbar. Nur die letzten zehn Höhenmeter sind recht steil und erfordern etwas Kraft und Geschick.

Anforderung: Einfache Hochwintertour. 700 Höhenmeter und 2 Stunden Anstieg.

Gipfel: Illingerberg 1479 m.

Ausrüstung: Skitourenausrüstung.

Ausgangspunkt/Anfahrt: Forsthaus Unterzagl. Zufahrt über Hintersee, bei Aschau über den Lämmerbach zum Forsthaus.

Route: Vom Forsthaus zwei Mal über die Wiesen nach Nordosten auf die Forststraße (bei einer Bachquerung) und auf dieser nach Osten flach in den Marchgraben. Den Graben auf der Straße queren, bei der nächsten Straße im spitzen Winkel nach rechts und südostwärts langsam steigend parallel zum Marchgraben bis zum Kreuzungspunkt 1140 m. Die Route folgt weiter der Richtung

Gemütlicher Anstieg zum Illingerberg.

Südost, bis man nach links (Norden) auf einer Straße zu einer Hütte kommt. Von dieser Hütte konsequent nach Norden (ein kleines, dichteres Waldstück kann man einfach links umgehen) und über Lichtungen und gut fahrbaren Wald bis zum letzten, etwas steileren Aufschwung auf den Illingerberg. Abfahrt wie Anstieg und/oder bei ausreichender Schneelage nach Kreuzungspunkt 1140 direkt in den Marchgraben hinunter, den Bach queren und entlang eines Weges, bis man auf die Anstiegsspur zum Königsberghorn trifft. Dieser dann bis zur Forststraße folgen.

Einkehr: Gasthof Hintersee (www.hintersee.at)

Variante/Tipp: Sehr lohnend ist die Abfahrt vom Illingerberg nach Norden bis zur Illingeralm. Mit Gegenanstieg retour kommt man auf rund 200 Höhenmeter zusätzlich.

Weitere Touren in der Region: Skitourenatlas Salzburg – Berchtesgaden, Routen 22–30

10 Gruberhorn

Osterhorngruppe

Im Unterschied zum Gennerhorn oder zum Hohen Zinken wird das Gruberhorn im Winter nur sehr selten besucht. Der steile und enge Ostgrat verlangt sicherste Skitechnik – hinauf wie auch hinunter.

Anforderung: Anspruchsvolle Skitour, nur bei stabilen Verhältnissen. 950 Höhenmeter, 2,5 Stunden Anstieg.

Gipfel: Gruberhorn 1732 m.

Ausrüstung: Skitourenausrüstung, Harscheisen.

Ausgangspunkt/Anfahrt: Lämmerbach, Talschluss Hintersee. Zufahrt über die Ortschaft Hintersee.

Route: Vom Parkplatz Lämmerbach hinauf auf die Genneralm. Dabei folgt die Spur als Abkürzung streckenweise auch der Sommermarkierung. Von der Genneralm südwärts, oberhalb der Bergrettungshütte bis zu den letzten Hütten und kurz ein paar Meter abfahren, bis man auf einen deutlich sichtbaren Weg gelangt. Diesem nach Westen folgen, bis er über den Bach

Gennerhorn-Nordabfahrt. Rechts hinten das Gruberhorn.

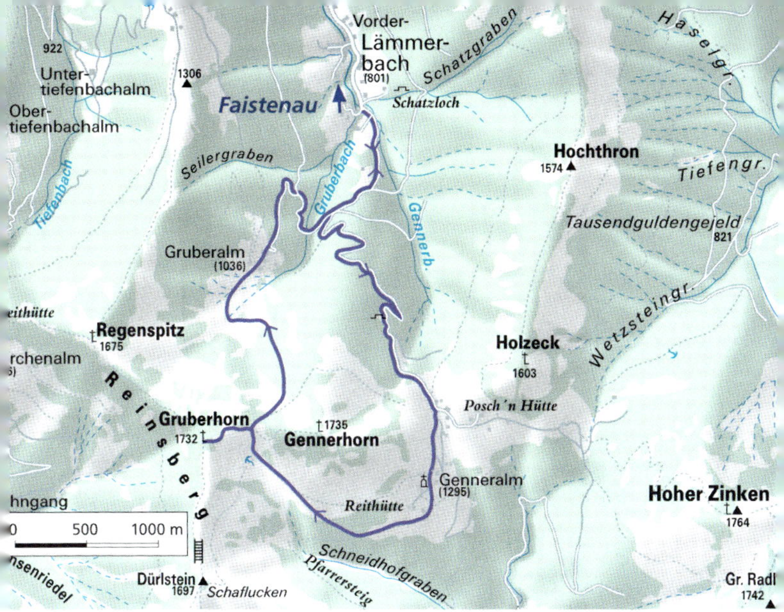

führt. Danach durch freies Gelände nach Norden auf den Gennersattel und zunehmend steil und eng den Ostgrat hinauf, bis man auf eine steile, freie Fläche oberhalb eines Felsabbruches gedrängt wird. Diese Fläche möglichst hoch ansetzend hinauf zum felsigen Gipfelaufbau. Skidepot einrichten und die letzten Meter entlang des Sommerweges auf den Gipfel. Abfahrt zurück auf den Gennersattel, dann weit in die Nordflanke des Gennerhorns nach rechts hineinqueren, bis man oberhalb der östlichsten (rechten) der drei Rinnen steht und am rechten Rand dieser Rinne zur Gruberalm hinunterfahren kann. Entlang der Almstraße retour nach Lämmerbach.

Einkehr: Gasthof Hintersee (www.hintersee.at)

Variante/Tipp: Auch ohne Gruberhorn als Gennerhorn-Umrundung sehr lohnend.

Weitere Touren in der Region:
Skitourenatlas
Salzburg – Berchtesgaden,
Routen 22–28

11 Lidaun

Faistenau

Berühmt ist der Lidaun für seinen Ausblick über den Wiestalstausee in die Ostwand des Hohen Göll. Als Skiberg ist er hingegen weniger bekannt. Aber trotzdem: So mancher Tourenneuling hat hier die ersten Schritte abseits der Piste gewagt. Und für einen kurzen Abstecher zwischendurch auf den Lidaun können sich auch Erfahrene begeistern. Deswegen trifft man hier heroben immer wieder alte Bekannte.

Anforderung: Einfache Hochwintertour. 450 Höhenmeter und 1 Stunde Anstieg.

Gipfel: Lidaun 1237 m.

Ausrüstung: Skitourenausrüstung.

Ausgangspunkt/Anfahrt: Parkplatz beim ehemaligen Klaushoflift. Zufahrt von Hof bei Salzburg, Kreisverkehr Baderluck Richtung Faistenau.

Route: Vom Parkplatz entlang des aufgelassenen Liftes hinauf zu einer Forststraße. Hier führt in Verlängerung der Lifttrasse ein deutlich sichtbarer Weg nach Nordwesten weiter. Diesem folgend bis zu einem

Im tiefen Winter auf dem Lidaun.

Schlag (Orientierungspunkt ist ein Hochsitz) und nach Norden auf den licht bewaldeten Südostrücken. Zuletzt über den höchsten Punkt zum Kreuz. Abfahrt wie Anstieg.

Einkehr: Botenwirt an der Hinterseestraße. (www.botenwirt-faistenau.at)

Variante/Tipp: Die Langlaufloipe von Faistenau gehört anerkannt zu den schönsten im ganzen Bundesland (www.langlaufdorf.at).

Weitere Touren in der Region:
Skitourenatlas
Salzburg – Berchtesgaden,
Routen 1–5

12 Gaisberg

Elsbethen

Der Hausberg der Stadt Salzburg ist auch ein Skiberg. Und gar kein so schlechter. Mit etwas Schneeglück kann man zumindest von der Vorderfager einige Male mit Skiern auf den Gipfel. Vom Stadtgebiet selbst sind solche Momente selten geworden.

Anforderung: Einfache Hochwintertour, im oberen Bereich etwas steiler. 650 Höhenmeter und 1,5 Stunden Anstieg.

Gipfel: Gaisberg 1287 m.

Ausrüstung: Skitourenausrüstung.

Ausgangspunkt/Anfahrt: Wanderparkplatz Vorderfager (635 m). Zufahrt über Glasenbach Richtung Schwaitlalm.

Route: Vom Parkplatz hinauf zu einem martialischen Zaun und nach Nordosten auf den Weitwanderweg „10". Diesen entlang am Rauchenbühel vorbei, dann leicht fallend zur Straßenkreuzung Oberwinkel. Von Oberwinkel präpariert parallel zur Gaisbergstraße bis zur Zistelalm, Straße queren und die alte Lifttrasse hinauf bis zum Waldrand. Hier entlang des „Walterskirchen-Weges"

Anstieg zum Gaisberg vor dem Rauchenbühel.

nach Nordost und nach der neuerlichen Straßenquerung in einem Linksbogen zum Gipfel. Abfahrt wie Anstieg – bis zur Zistel auch durch den Wald (Vorsicht Felsabbrüche).

Einkehr: Gaisberghütte (www.wirtschaftamspitz.businesscard.at), Gaisbergspitz (www.goas.at), Zistelalm (www.zistelalm.at)

Variante/Tipp: An wenigen Tagen in einem Jahrzehnt kann man auch direkt vom Stadtgebiet auf den Gaisberg gehen. Ausgangspunkt ist dann die Gänsbrunnstraße und es geht über das Stockergut und die sogenannte Bauernwiese hinauf zur Gaisbergstraße. Diese wird gequert, danach durch die Lichtung zur Zistelalm. Weiter wie oben beschrieben.

Weitere Touren in der Region: Skitourenatlas Salzburg – Berchtesgaden, Routen 18–19

13 Rußberg

Rußbach

Rußbach: Wer denkt da nicht an die Paradetouren am Gamsfeld? Viel seltener besucht ist der Grenzberg zwischen Oberösterreich und Salzburg, der Rußberg. Durch den hohen Waldanteil nur bei ausreichender Schneelage zu empfehlen, dafür auch bei nicht ganz makellosem Wetter machbar.

Anforderung: Einfache Hochwintertour, selten gespurt, Orientierungssinn nötig.
750 Höhenmeter und 2,5 Stunden Anstieg.

Gipfel: Rußberg 1666 m.

Ausrüstung: Skitourenausrüstung.

Ausgangspunkt/Anfahrt: Parkplatz der Goiserer Hütte östlich des Pass Gschütt (Wegweiser).

Route: Am präparierten Hüttenzubringer nordwärts (parallel zur Bundesstraße), dann über eine Kurve leicht steigend nach Nordosten. Man kommt an der Abzweigung einer Forststraße nach Westen vorbei (Wegweiser), bleibt aber auf der Hüttenstrecke, bis kurz vor einer Weggabelung in einer deutlichen Linkskurve nach links ein

Föhnstimmung am Rußberggipfel.

kleiner Holzziehweg abzweigt. Auf diesem nach Norden zur Wiesthalalm und weiter in ein schmales Hochtal zwischen Rußberg und Rosenkogel. Wenn das Gelände wieder flacher wird, auf Nordwest drehen und durch lichten Wald auf den Nordrücken und nach Süden zum Kreuz. Abfahrt wie Anstieg.

Einkehr:
Kirchenwirt in Rußbach (www.kirchenwirt-russbach.at)

Variante/Tipp: Südanstieg – zur ersten Forststraßenabzweigung und auf dieser nach Westen bis etwa 1200 Meter Seehöhe. Dann über Schläge und Lichtungen, kurz auch durch den Hochwald, entlang der Landesgrenze nach Norden (Straßen mehrmals queren). Das Gelände neigt sich gegen Ende etwas zurück und man steht unvermittelt am Gipfel.

Weitere Touren in der Region:
Skitourenatlas Salzburg – Berchtesgaden, Routen 38–43

14 Niederer Kalmberg Ramsaugebirge

Das Ramsaugebirge zwischen Gosau und Goisern ist ein kleiner Gebirgszug, der vor allem von den Einheimischen gerne besucht wird. Im Sommer von Norden auf die Goiserer Hütte, im Winter von Süden die Waldskitouren auf den Hohen oder den Niederen Kalmberg.

Anforderung: Mittelschwere Hochwintertour. Orientierungssinn erforderlich. 1100 Höhenmeter und 3 Stunden Anstieg. Nur bei ausreichender Schneelage sinnvoll.

Gipfel: Niederer Kalmberg 1827 m.

Ausrüstung: Skitourenausrüstung.

Ausgangspunkt/Anfahrt: Parkplatz Ramsau in Gosau-Vordertal. Zufahrt über den Pass Gschütt Richtung Hallstadt.

Route: Vom Parkplatz auf der Straße nach Nordosten an der Abzweigung Richtung Hochkalmberg vorbei zur Wegteilung, weiter über den Färbergraben auf der Straße nach Osten bis

Waldanstieg zu den Kalmbergen.

vor den Bärnbachgraben. Knapp vor diesem Graben (verwachsen und schwer zu finden) führt ein Steig hinauf zur Gschröffalm. Dahinter entlang eines Grabens nach Nordosten zu den Kalmbergalmen und weiter nach Nordosten (zunehmend freieres Gelände) unter den Gipfelhang. An der linken Seite des Gipfelhanges auf den Westrücken und zum Gipfel. Abfahrt wie Anstieg.

Einkehr: Kirchenwirt (www.kirchenwirt-peham.at)

Variante/Tipp: Hinter den Kalmbergalmen nördlich in die Senke zwischen den beiden Kalmbergen und auf dem Rücken nach Nordwesten zum Hochkalmberg (1833 m).

Weitere Touren in der Region:
Skitourenatlas
Salzburg – Berchtesgaden,
Route 93

15 Strichkogelrinne Gosaukamm

Feinster Sommerfirn – das macht das Gosauer Rinnenspektakel aus. Der Strichkogel ist im Winter von der Annaberger Seite her ein beliebter Skiberg, im Mai geht's dann auf den nördlichen Vorgipfel.

Anforderung: Sehr steile Frühjahrstour durch eine enge Schlucht, sichere Skitechnik erforderlich. Leichte Kletterei bis in den II. Grad. Steinschlag! 1100 Höhenmeter und 3 Stunden im Anstieg.

Gipfel: Nördlicher Strichkogel 2026 m.

Ausrüstung: Skitourenausrüstung, Harscheisen, Helm.

Ausgangspunkt/Anfahrt: Parkplatz Gosausee (933 m). Zufahrt von Salzburg über Rußbach, Pass Gschütt, Gosau.

Route: Vom Gasthof Gosausee zu Fuß entlang des Sommerweges Nr. 620 Richtung Donnerkogel, bis man vor der Krautgartenalm leicht auf den Schnee der Steinriesen ausqueren kann. Hier zunehmend steiler hinauf und bei den Felsen des Steinriesenkogels weiter in die linke Rinne. Durch

Steil und alpin geht es in den Gosaukammrinnen zu.

eine Engstelle zu einer Rinnenverzweigung und den linken Ast hinauf in eine Scharte. Hier ein Skidepot einrichten. Weiter nach rechts sehr steil auf die Felsen des Nördlichen Strichkogels. Abfahrt wie Anstieg.

Einkehr: Gasthof am Gosausee (www.gasthof-gosausee.at)

Variante/Tipp: Von den Felsen des Steinriesenkogels über die rechte Rinne in die Gaißriesenscharte.

Weitere Touren in der Region: Skitourenatlas Salzburg – Berchtesgaden, Routen 94–95

16 Scharlingrinne

Gosaukamm

Im Mai, wenn die ersten Bäder wieder öffnen, zieht es die wahren Freaks immer noch mit Skiern in die Berge. Angesagt sind größere Höhen oder schattige Nordrinnen wie beispielsweise im Gosaukamm, die mit feinstem Sommerfirn locken.

Anforderung: Steile Frühjahrstour durch eine enge Schlucht, sichere Skitechnik erforderlich. Steinschlag! 700 Höhenmeter und 2 Stunden im Anstieg.

Gipfel: Scharlingscharte 1640 m.

Ausrüstung: Skitourenausrüstung, Harscheisen, Helm.

Ausgangspunkt/Anfahrt: Parkplatz Gosausee (933 m). Zufahrt von Salzburg über Rußbach, Pass Gschütt, Gosau.

Route: Vom Gasthof Gosausee zu Fuß entlang des Seeweges bis an den Beginn der großen Reid'n – ein nach Südwesten hinaufziehendes Schuttkar – oder (bei weniger Schnee) direkt am Steiglweg zur Reid'n. Am Beginn des Schnees dann langsam steiler werdend auf dem freien Hang nach Süd-

Unbeschwertes Hinunterschwingen im Maifirn.

westen bis an die Felsen heran. Hier verschwindet ein enger, schattiger Kanal zwischen den Felsen. Das ist die Scharlingrinne. Der steilen, engen Schlucht folgt man bis zur Scharte. Abfahrt wie Anstieg.

Einkehr: Gasthof am Gosausee (www.gasthof-gosausee.at)

Variante/Tipp: Von der Scharte zirka 150 Höhenmeter steil auf die andere Seite hinunter (oft auch zu Fuß) in das Weitkar und am Normalweg in die viel begangene Weitscharte (1939 m). Retour entweder mit Gegenanstieg über die Scharlingrinne oder bis zum Steiglweg abfahren und diesen entlang zum Ausgangspunkt.

Weitere Touren in der Region: Skitourenatlas Salzburg – Berchtesgaden, Routen 94–95

17 Rauchkar

Dachstein

Auch wenn kein prominenter Gipfel winkt: Die Tour in das Rauchkar (Rauhkar) bietet feinsten Skigenuss vor der großartigen Kulisse des Torstein und der Dachstein-Südwand.

Anforderung: Mittelschwere Skitour. Nur bei stabilen Verhältnissen. 1000 Höhenmeter und 3 Stunden Anstieg.

Gipfel: Törl (Tor) 2033 m.

Ausrüstung: Skitourenausrüstung.

Ausgangspunkt/Anfahrt: Großer Parkplatz unmittelbar an der Landesgrenze bei der im Winter gesperrten Straße auf die Bachlalm. Zufahrt von Filzmoos Richtung Ramsau/ Steiermark.

Route: Vom Parkplatz entlang der gesperrten Straße (einige Abschneider) hinauf zur Schaidlalm (1444 m). Weiter nach Nordwesten entlang des deutlich sichtbaren Sommerweges ins Mitterkar und auf den Schnittlauchboden zu einem Wegweiser. Hier dreht die Route nach Nordosten in

Durch das Rauchkar geht es relativ flach ins Törl.

Richtung des sehr steilen Windlegerkares. Kurz bevor sich dieses Kar aufsteilt, geht es aber nach Osten in das Rauchkar. In das Kar queren und gemütlich bergauf zum Törl und/oder noch rund 200 Höhenmeter weiter bis zum höchsten Punkt der Schneide direkt unter der Dachstein-Südwand (2200 m, Achtung Wechten). Abfahrt wie Anstieg.

Einkehr: Gasthof Dachsteinruhe unmittelbar hinter der Landesgrenze zur Steiermark (www.dachsteinruhe.at)

Variante/Tipp:
Gut kombinierbar mit Tour Nr. 18 „Törl – Süd“.

Weitere Touren in der Region:
Skitourenatlas
Salzburg – Berchtesgaden,
Routen 106–108

18 Törl – Süd

Dachstein

Der Südanstieg zum Törl ist die Firnalternative zum oft pulvrigen oder hartgepressten Schnee im Rauchkar (Rauhkar). Und das alles direkt vor den mächtigen Mauern der Dachstein-Südwand.

Anforderung: Mittelschwere Skitour. Nur bei stabilen Verhältnissen. 1000 Höhenmeter und 3 Stunden Anstieg.

Gipfel: Törl (Tor) 2033 m.

Ausrüstung: Skitourenausrüstung, Harscheisen.

Ausgangspunkt/Anfahrt: Großer Parkplatz unmittelbar an der Landesgrenze bei der im Winter gesperrten Straße auf die Bachlalm. Zufahrt von Filzmoos Richtung Ramsau/ Steiermark.

Route: Vom Parkplatz über die Straßenbrücke auf die steirische Seite. Vom Gasthof Dachsteinruhe flach nach Norden an einem Fischteich und dem Wegweiser zur Glösalm vorbei, über den Klausbach und auf einem Ziehweg durch den Wald nach Nordosten auf die freien Weiden. Unterhalb der

Das Törl von der Südseite gesehen.

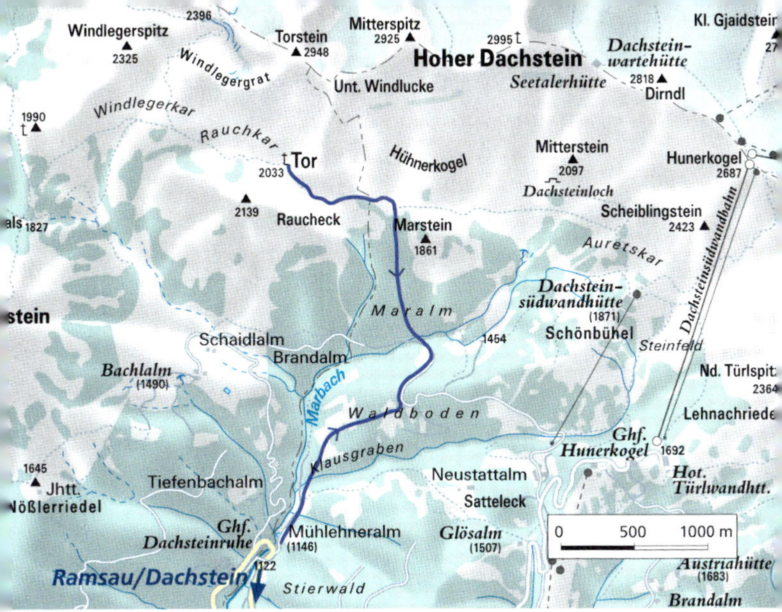

Straße dreht die Route dann wieder auf Nord zu den Böden der Maralm. Dahinter den Hang zwischen Raucheck (Rauhegg) und Marstein hinauf (meist auf der rechten Seite), in den Torboden und steil ins Törl hinauf. Abfahrt wie Anstieg.

Einkehr: Gasthof Dachsteinruhe unmittelbar hinter der Landesgrenze in der Steiermark (www.dachsteinruhe.at)

Variante/Tipp: Gut kombinierbar mit Tour Nr. 17 „Rauchkar".

Weitere Touren in der Region:
Skitourenatlas
Salzburg – Berchtesgaden,
Routen 106–108

19 Mooslahnerkopf

Watzmann

Wie ein Aussichtsbalkon schwebt der Mooslahnerkopf über dem malerischen Königssee. Er ist auch als Tourenziel gut geeignet. Der lichte und steile Lärchenwald ist ausgesprochen gut zu fahren.

Anforderung: Mittelschwere, kurz auch etwas steilere Skitour. 1050 Höhenmeter und 3,5 Stunden im Anstieg.

Gipfel: Mooslahnerkopf 1815 m.

Ausrüstung: Skitourenausrüstung.

Ausgangspunkt/Anfahrt: Parkplatz beim Hammerstiel in Schönau. Zufahrt über die Straße von Berchtesgaden Richtung Ramsau, in Engedey von der Hauptstraße abzweigen und auf der Hammerstielstraße bis zum Wirtshaus.

Route: Vom Gasthof Hammerstiel auf der Rodelbahn nach Südwesten bis zur ehemaligen Schapbachhütte, wo man auf die Straße von der Wimbachbrücke trifft. Nun entlang der Straße (Abkürzungen über den Sommerweg) nach Süden zur Kührointalm. Weiter von der

Schmiedekunst am Mooslahnerkopf.

Almhütte direkt südwärts über einen kleinen Riedel in eine Senke und dann steil über den mit Felsabbrüchen durchsetzten Nordhang zum kleinen Kreuz. Die Felsen im unteren Teil werden etwas rechtshaltend überlistet, dann quert man nach links aus. Abfahrt wie Anstieg.

Einkehr: Gasthof Hammerstiel (www.cafe-hammerstiel.de)

Variante/Tipp: Ein alternativer Anstieg führt von der Wimbachbrücke (Straße Berchtesgaden-Ramsau) zur Schapbachhütte.

Weitere Touren in der Region: Skitourenatlas Salzburg – Berchtesgaden, Routen 69–72

20 Steinwändhorn

Hagengebirge

Das Hagengebirge gehört zu den einsamsten Gebirgsstöcken des Landes. Wer hier herauf will, braucht einiges an Kondition und viel Liebe zur Bergeinsamkeit.

Anforderung: Sehr anspruchsvolle Skitour, Orientierungssinn notwendig, nur bei stabilen Verhältnissen und ausreichender Sicht. 1400 Höhenmeter und 4 Stunden Anstieg.

Gipfel: Steinwändhorn 1863 m.

Ausrüstung: Skitourenausrüstung.

Ausgangspunkt/Anfahrt: Parkplatz am Eingang ins Bluntautal (478 m). Zufahrt über Golling-Bahnhof und die Salzachbrücke Richtung Bluntautal.

Route: Vom Parkplatz ins Bluntautal Richtung Bärenwirt über die Brücke bis zum Wegweiser „Tristkopf" (Nr. 450). Nun weiter entlang der Sommermarkierung oder entlang des Forstweges durch den Wald nach Südwesten zur Kratzalm (1234 m). Hier einige Meter auf den Almboden hinunter (Schild: Leitungssteig gesperrt), dann nach Süden über eine felsdurchsetzte

Die scharfe Kante der Mitterkarschneid bricht direkt ins Salzachtal ab.

Steilstufe zum Beginn des Höllkars und weiter steil nach Südwesten zur Höllriedlalm (1600 m). Von der Alm durch lichten Lärchenwald nach Süden zur Mitterkarschneid und entlang der Kante (Wechten!) – kurz fallend, dann wieder hinauf – auf das Gipfelplateau. Abfahrt wie Anstieg.

Einkehr: Göllhof (http://gasthof-goellhof.members.cablelink.at/)

Variante/Tipp: Um gut 150 Höhenmeter länger ist die Tour auf die Fillingschneid (2006 m). Man muss mindestens eine halbe Stunde mehr einkalkulieren. Der Anstieg führt von der Höllriedlalm nach Südwesten zur Angeralm und entlang des Sommerweges nach Süden am Peters- und am Lärchkopf vorbei. Der Sommerweg wird auf etwa 1800 Meter Seehöhe verlassen, hier dreht die Route dann nach Süden zum höchsten Punkt.

Weitere Touren in der Region: Skitourenatlas Salzburg – Berchtesgaden, Routen 114–115, 136

21 Mittlerer Wieselstein

Tennengebirge

Was für alle Nordanstiege ins Tennengebirge gilt, trifft auch für die Pass-Lueg-Variante auf den Mittleren Wieselstein zu: lang und nicht zu unterschätzen. Der Reiz dieser Tour, bei der man selten auf durchgehend gute Verhältnisse trifft, liegt vor allem im alpinen Gesamterlebnis.

Anforderung: Anspruchsvolle, alpine Skitour. Orientierungssinn notwendig, nur bei stabilen Bedingungen, nur bei guter Sicht. 1750 Höhenmeter und 4,5 Stunden Anstieg.

Gipfel: Mittlerer Wieselstein 2300 m.

Ausrüstung: Skitourenausrüstung, Harscheisen.

Ausgangspunkt/Anfahrt: Pass Lueg, Struberdenkmal. Zufahrt über die Salzachtal-Bundesstraße.

Route: Vom Pass Lueg entlang der Sommermarkierung (deutlich sichtbar) Richtung Leopold-Happisch-Haus. Ab Seehöhe 1000 m verlässt die Spur den Sommerweg und man bleibt konsequent auf Kurs Süd, bis

Richtung Wieselsteine nahe des Niedertörl.

man zur kleinen Berglerhütte kommt. Dann ziemlich unübersichtlich nach Südosten bis an den Rand der Ofenrinne, die sich von Westen heraufzieht. Der Zustieg führt nun nach Südosten an den nördlichen Wieselstein heran. Entweder direkt in die Scharte zwischen Nördlichem und Mittlerem oder um den Nördlichen Wieselstein herum auf den Gipfel. Abfahrt wie Anstieg.

Einkehr: Gasthof Pass Lueg (www.passlueg.at)

Variante/Tipp: Steilabfahrt bei ganz sicheren Bedingungen durch das Kar zwischen Hoch- und Niedertörl möglich. Zum Pass Lueg dann auf der Forststraße (Weg Nr. 35) retour. Nur für Könner!

Weitere Touren in der Region:
Skitourenatlas Salzburg – Berchtesgaden, Routen 114–115

22 Brietkogel

Tennengebirge

Die Tour auf den Brietkogel ist eine Abwandlung des Klassikers Werfenweng-Tauernscharte-Eiskogel: Aber mit anderem Zustieg zur Tauernscharte und einem anderen Ziel, statt zum x-ten Mal auf den Tauernkogel.

Anforderung: Viel begangen, trotzdem alpine Skitour! Nur bei sicheren Bedingungen. 1400 Höhenmeter und 4 Stunden Anstieg.

Gipfel: Brietkogel 2316 m.

Ausrüstung: Skitourenausrüstung, Harscheisen.

Ausgangspunkt/Anfahrt: Liftparkplatz Werfenweng (970 m). Zufahrt über Werfenweng in die Zaglau.

Route: Vom Parkplatz entlang der Straße (Rodelbahn) nach Norden über vier Kehren bis zu einer Abzweigung (Wegweiser). Hier scharf links und hinauf auf einen Sattel beim Wenghofköpfl. Nun kurz mit den Fellen nach Norden abrutschen und etwas östlich der Hackel-Hütte (1526 m) über freie Flächen nach Nordosten in das Kar zum Jausenstein. Dahinter über eine Steilstufe in die Tauern-

Die Firnhänge des Brietkogel.

scharte (2 103 m). Hier kurz in die Senke zwischen Eiskogel und Brietkogel hinunter. Aus dieser über den steilen Südwesthang hinauf, bis man von den Felsen nach links abgedrängt wird und über die Südwestseite zur Gipfelkuppe des Brietkogel hinaufsteigt. Abfahrt wie Anstieg.

Einkehr: Heinrich-Hackel-Hütte (www.hackelhuette.at)

Variante/Tipp: Auch der klassische Zustieg von der Wengerau (961 m) entlang des Sommerweges nach Nordosten, dann steil durch den Wald zu den freien Flächen südöstlich der Hackel-Hütte und über die Hütte in das Kar ist lohnend. Und natürlich kann man statt auf den Brietkogel auch aus der Senke hinter der Tauernscharte in einem weiten Linksbogen über den Osthang auf den Eiskogel (2 321 m) hinauf.

Weitere Touren in der Region: Skitourenatlas Salzburg – Berchtesgaden, Routen 130–133

23 Frommerkogel Nordost

Tennengebirge

Der Frommerkogel am Südrand des Tennengebirgsplateaus wird im Winter von allen Seiten gerne bestiegen. Kaum bekannt ist der direkte Anstieg aus dem hinteren Lammertal, ein echter Geheimtipp.

Anforderung: Mittelschwere Skitour, selten gespurt, Orientierungssinn notwendig. 1000 Höhenmeter und 3,5 Stunden Anstieg.

Gipfel: Frommerkogel 1883 m.

Ausrüstung: Skitourenausrüstung.

Ausgangspunkt/Anfahrt: Parkplatz im Hinteren Lammertal bei der Abzweigung zum Lämmerhof (880 m). Zufahrt über Lungötz ins Hintere Lammertal.

Route: Entlang der Straße zum Lämmerhof und hinter dem Gasthof über Wiesen (Loipe) nach Südwesten zur Spießalm. Auf einem Waldweg hinter der Alm weiter nach Südwesten zu einem Wegweiser der Sommermarkierung durch ein kurzes Waldstück auf eine Forststraße und auf dieser bis zur Querung des Schöberlbaches. Gleich dahinter parallel zu einem Graben

Blick von der Frommer Hochalm zum Tennengebirge.

(Wegweiser), durch ein steiles Waldstück weiter nach Südwesten bis zur nächsten Forststraße. Hier nach rechts (Westen) und bei der ersten Kreuzung nach links (Süden) und in weiten Kehren (Abschneider lohnend) Richtung Frommer Hochalm. Am Ende der Forststraße trifft man auf die Sommermarkierung, der man bis zu den Almhütten folgt. Ab hier entlang des fast immer gespurten Nordanstieges auf den Gipfel. Abfahrt wie Anstieg.

Einkehr: Alpengasthof Wildau (www.wildau.at)

Variante/Tipp: Vom Frommerkogel zur Hochalm zurück abfahren, wieder anfellen und mit wenig Höhengewinn entlang des Sommerweges zu den Brandlbergköpfen; Abfahrt zwischen dem dritten und zweiten Kopf durch einen steilen Graben zur Aualm und so wieder hinaus ins Hintere Lammertal.

Weitere Touren in der Region:
Skitourenatlas
Salzburg – Berchtesgaden,
Routen 123–126

24 Hochgründeck

St. Johann/Pongau

Das Hochgründeck bietet aufgrund seiner zentralen Lage einen Rundblick über (fast) das ganze Land Salzburg. Eine Skiwanderung für nicht ganz so ideale Bedingungen.

Anforderung: Einfache Skiwanderung. Orientierungssinn erforderlich. 800 Höhenmeter und 2,5 Stunden im Anstieg.

Gipfel: Hochgründeck 1827 m.

Ausrüstung:
Skitourenausrüstung.

Ausgangspunkt/Anfahrt:
Wegteilung Hahnbaumweg (Schnell, Hausbacher, Holleis). Zufahrt von St. Johann Richtung Wagrain, Richtung Hotel Hahnbaum (Rettenstein) abzweigen und vor dem Hotel rechts (Nordost) hinauf bis zu den Wegweisern.

Route: Von der Wegteilung entlang der Straße nach Westen, vor dem letzten Hof (Wegweiser) auf der Straße nach Norden an einigen Ferienhäusern vorbei auf den markierten Weg. Diesem nach Norden folgend nach Obergründeck (1358 m, Hoch-

Die Anstiege auf das Hochgründeck sind liebevoll gestaltete Themenwege.

spannungsleitung), leicht fallend von Obergründeck noch kurz ein Stück auf der breiten Forststraße. Beim nächsten Wegweiser (vor dem Schranken) nach links und entlang des „Musikweges" hinauf nach Nordosten – die Forststraße zwei Mal queren. Danach hinauf zum Heinrich-Kiener-Haus und zum Gipfelkreuz. Abfahrt vom Kiener-Haus ein Stück die Straße retour, dann entlang eines Rückens nach Südwesten auf die Floitensbergstraße. Diese nun bequem hinuntergleiten, ostwärts den Anstiegsweg queren und weiter bis zu einer großen Kreuzung. Hier auffellen und nach Südwesten flach retour nach Obergründeck zur Anstiegsspur – leichter Gegenanstieg. Weitere Abfahrt wie Anstieg.

Einkehr: Hotel Hahnbaum (www.hotel-hahnbaum.at)

Variante/Tipp: Aufgrund der geringen Steigung auch perfekt als Schneeschuhwanderung.

**Weitere Touren in der Region:
Skitourenatlas
Salzburg – Berchtesgaden,
Routen 378–380**

25 Haaralmschneid Ruhpolding

Die Haaralmschneid – eigentlich ein Ausläufer des Hochfelln – bietet trotz geringer Seehöhe feinsten Skigenuss. 300 Höhenmeter misst der Gipfelhang. Ideal im Winter bei Pulver, aber aufgrund der Ausrichtung nach Süden auch zu Frühjahrsbeginn auf der Suche nach dem ersten Firn.

Anforderung: Einfache Hochwintertour. 850 Höhenmeter und 2 Stunden Anstieg.

Gipfel: Haaralmschneid 1594 m.

Ausrüstung: Skitourenausrüstung.

Ausgangspunkt/Anfahrt: Parkplatz in der Urschlau. Zufahrt über Ruhpolding Richtung Brand bis in den Talschluss.

Route: Vom Parkplatz über die Brücke und auf der Zufahrtsstraße hinauf Richtung Kirche. Hinter dem letzten Hof beginnt am Waldrand ein kleiner Ziehweg, der nach Nordwesten zu einer Forststraße hinaufführt. Ein kurzes Stück auf der Straße weiter nach Westen in den Gründbergsattel. Vom Sattel

Der freie Gipfelhang der Haaralmschneid.

auf einem Waldweg nach Nordwesten, später nach Norden (eine Serpentine) hinauf zu den Almen und über die freien Wiesen auf die Schneide und zum Kreuz. Abfahrt wie Anstieg.

Einkehr: Gasthof Butznwirt in Brand (www.butznwirt.de)

Variante/Tipp: Wenn im Wald wenig Schnee liegt, empfiehlt sich die Abfahrt vom Gründbergsattel in die Urschlau auf der Forststraße gegen den Uhrzeigersinn rund um den Gründberg. Zum Schluss hin wird's freilich recht flach und man muss ordentlich antauchen, damit etwas weitergeht.

Weitere Touren in der Region:
Skitourenatlas
Salzburg – Berchtesgaden,
Routen 53–57

26 Hochfelln

Ruhpolding

Puristen mögen die Nase rümpfen, weil man am Hochfelln statt Gipfeleinsamkeit direkt in ein – wenn auch kleines – Skigebiet eintaucht. Zugegeben, es gibt einsamere Ziele, aber beim Anstieg wie bei der Abfahrt merkt man von den Pistenskifahrern garantiert nichts. Der Hochfelln bleibt also trotz Liftbetrieb ein lohnendes Tourenziel.

Anforderung: Einfache Hochwintertour. 950 Höhenmeter und 3,5 Stunden im Anstieg.

Gipfel: Hochfelln 1664 m.

Ausrüstung: Skitourenausrüstung.

Ausgangspunkt/Anfahrt: Parkplatz bei der Staudigelhütte kurz vor Brand. Zufahrt von Ruhpolding Richtung Brand.

Route: Vom Parkplatz kurz auf der Straße Richtung Glockenschmiede bergauf, aber noch vor dem Bach nach links (Nordwest) zur Glockenschmiede. Hier beginnt die lange Almstraße (gleich über den Bach) zur Holzstube. Nach einer scharfen Linkskurve quert die Straße auf die linke Bach-

 Katholisches Bayern: Kapelle am Hochfelln-Gipfel.

seite, direkt dahinter geht es weiter auf einem schmalen Almweg nach Nordwesten bis zu den Weiden der Farnbödenalm und konsequent weiter nach Nordwesten zur Fellnalm. Hier linkshaltend zum Osthang und diesen hinauf zum Gipfel. Abfahrt wie Anstieg.

Einkehr: Hochfelln-Gipfelgasthaus (www.hochfelln.de)

Variante/Tipp: Nach der Fellnalm am Gipfelhang unbedingt weit links halten, unter der Strohschneid leben streng geschützte Rauhfußhühner.

Weitere Touren in der Region:
Skitourenatlas
Salzburg – Berchtesgaden,
Routen 53–57

27 Schafelberg – Kirchberg St. Ulrich/Pillersee

Eine kleine, feine Skirunde im Schatten der mächtigen Steinberge: Die Schafelberg-Kirchbergrunde. Auch im Süden der durchaus beliebten Skitour gäbe es noch Ziele wie beispielsweise den Gerstberg.

Anforderung: Einfache Hochwintertour. Gesamt 850 Höhenmeter und 2,5 Stunden Anstieg.

Gipfel: Schafelberg 1597 m, Kirchberg 1678 m.

Ausrüstung: Skitourenausrüstung.

Ausgangspunkt/Anfahrt: Kirche St. Adolari auf der Verbindungsstraße Waidring – St. Ulrich/Pillersee.

Route: Von St. Adolari auf der Forststraße unter dem Klettergarten hindurch nach Norden bis zu den Wiesen des Gehöfts Rechensau. Die Wiese gleich am Waldrand links (West) hinauf zu einer Forststraße und dieser nach Süden folgend (eine Kehre), bis man auf den Sommerweg trifft (Wegweiser). Nun entlang der Markierung nach Südwesten zur Rechensaualm und über einen breiten,

Kleiner Schafelberg vor der großen Kulisse der Steinberge.

kuppierten Rücken auf den Schafelberg. Übergang zum Kirchberg am Verbindungsrücken nach Westen. Abfahrt vom Kreuz nach Norden entlang des flachen Rückens bis knapp vor das Kapellkreuz, dann nach Nordosten über schönes Skigelände zur Wegteilung Breitaualm (Wegweiser) und hinunter zur Raineralm. Entlang der Straße nach Nordosten bis zum Wegweiser „Adolari“ und flach südostwärts zum Gehöft Rechensau.

Einkehr: Gasthof Adolari (www.tirolerwirt.at)

Variante/Tipp: Alternativ etwas südlich von Waidring zum Gasthof Oberweissbach und zur Rechensaukapelle auffahren, dann dem Sommerweg zum Schafelberg folgen.

Weitere Touren in der Region:
Skitourenatlas
Salzburg – Berchtesgaden,
Routen 190–193

28 Herrenstein

Wilder Kaiser

Der Herrenstein ist kein Gipfel, sondern ein Felsblock. Die Firntour unter der Regalpspitze gehört trotz fehlendem Gipfelglück zu den schönsten auf der Südseite des Kaiserstockes.

Anforderung: Mittelschwere Firntour. 1000 Höhenmeter und 2,5 Stunden Anstieg.

Gipfel: Herrenstein 1840 m.

Ausrüstung: Skitourenausrüstung, Harscheisen.

Ausgangspunkt/Anfahrt: Parkplatz Hüttling in Going. Zufahrt über St. Johann/Tirol oder Kufstein nach Going und beim Stanglwirt nach Norden abzweigen.

Route: Vom Parkplatz in Hüttling auf der Straße taleinwärts bis zur ersten Brücke (Wegweiser). Hier geradeaus weiter (Nordwest) über den Grafenberggraben bis zu einer Hütte. Dahinter auf einer Straße scharf links (Südwest) zu zwei Hütten und bergan (Nordwest) bis zu einer Forststraße. Auf dieser kurz nach links bis vor

Unter den Felsen des Wilden Kaiser.

eine Wildfütterung und hier durch den etwas verwachsenen Wald nach Norden, bis man auf den markierten Sommerweg trifft. Auf diesem über das Regalmkreuz (Wegweiser) hinauf zu einer Almstraße, kurz nach links bis unter die freien Hänge und zirka 500 Höhenmeter nach Nordwest zum Herrenstein. Abfahrt wie Anstieg.

Einkehr: Reischerwirt in Going, Tel.: +43 (0) 664 7946288

Variante/Tipp: Alternativ um den Rücken, auf dem die Ackerlhütte steht, rechts (Nordost) herum und im Kar nach Nordosten auf das Goinger Gamskögerl (1586 m).

Weitere Touren in der Region: Skitourenatlas Salzburg – Berchtesgaden, Routen 194–201

29 Ellmauer Tor

Wilder Kaiser

Das Ellmauer Tor ist das beliebteste Skiziel im Kaiser-Gebirge. Entsprechend pistenartig sind hier manchmal die Verhältnisse. Wer aber das Glück hat, unter der Woche, bei guten Frühjahrsbedingungen hier heraufzukommen, erlebt eine großartige Tour in einer noch großartigeren Felsarena.

Anforderung: Mittelschwere Firntour. 1000 Höhenmeter und 2,5 Stunden Anstieg.

Gipfel: Ellmauer Tor 2006 m.

Ausrüstung: Skitourenausrüstung, Harscheisen.

Ausgangspunkt/Anfahrt: Parkplatz Wochenbrunner Alm. Zufahrt über St. Johann/Tirol oder Kufstein nach Ellmau und über die Mautstraße (Abzweigung nahe Golfplatz) zur Wochenbrunner Alm.

Route: Vom Parkplatz auf dem markierten Weg, beziehungsweise die Kehren abschneidend nach Nordosten zur Gaudeamushütte. Dahinter nach Nordwesten über eine Stufe in das Kübelkar und di-

Suchanzeige knapp unter dem Ellmauer Tor (auf der Nordseite).

rekt nach Norden zum Ellmauer Tor hinauf. Abfahrt wie Anstieg.

Einkehr: Wochenbrunner Alm (www.wochenbrunn.com)

Variante/Tipp: Zur Hinteren Goinger Halt (2192 m) folgt man direkt vom Törl dem Sommerweg nach Nordosten auf den Grat und geht dann zum Gipfel. Der Gipfelgang ist oft vereist und auch bei hartem Schnee nicht ungefährlich. Steigeisen mitnehmen, nur bei sehr guten Bedingungen und für versierte Skifahrer zu empfehlen.

Weitere Touren in der Region: Skitourenatlas Salzburg – Berchtesgaden, Routen 194–201

30 Griesner Kar – Goinger Törl

Wilder Kaiser

Durch seine nordseitige Ausrichtung hält sich im Griesner Kar der Schnee trotz relativ geringer absoluter Höhe im Frühjahr recht lange. Sobald die Mautstraße zur Griesner Alm geöffnet ist, bietet das Kar mehrere klassische Frühjahrstouren.

Anforderung: Anspruchsvolle Firntour. 1050 Höhenmeter und 3 Stunden Anstieg.

Gipfel: Goinger Törl 2 085 m.

Ausrüstung: Skitourenausrüstung, Harscheisen, Helm.

Ausgangspunkt/Anfahrt: Parkplatz Griesner Alm. Zufahrt von Griesenau über die Mautstraße ins Kaiserbachtal (Achtung Wintersperre – Befahrbarkeit auf der Griesner Alm erfragen).

Route: Von der Griesner Alm entlang des Sommerweges über den Bach und hinauf zur Russenleiten. Am Beginn des Waldes teilen sich die Sommerwege, die Route folgt dem linken Steig nach Südosten in das Griesner Kar. Vor dem Kleinkaiser rechts haltend in ein Becken und nach Westen zunehmend steiler und enger

Unter den Kalkspitzen beim Goinger Törl.

in das Goinger Törl. Abfahrt wie Anstieg.

Einkehr: Griesner Alm (www.griesneralm.com)

Variante/Tipp: Weitere Ziele im Griesner Kar sind das Kleine Törl und das Schönwetterfensterl. Während das Kleine Törl (aus dem Kar direkt nach Süden) im Charakter dem Goinger Törl ähnlich ist, verlangt das Schönwetterfensterl (von der Fritz-Pflaum-Hütte nach Südosten) deutlich mehr Können.

Weitere Touren in der Region: Skitourenatlas Salzburg – Berchtesgaden, Routen 53, 194–201

31 Karstein

Fieberbrunn

Aus dem Pletzergraben bei Filzmoos bietet sich eine ganze Reihe schöner Skitouren an. Einige davon sind auf den nachfolgenden Seiten zu finden. Der Karstein ist die gemütlichste der Pletzergraben-Touren. Hier entfällt der bei den anderen Bergen etwas längere Talzustieg.

Anforderung: Mittelschwere Hochwintertour. 1050 Höhenmeter und 3 Stunden Anstieg.

Gipfel: Karstein 1922 m.

Ausrüstung: Skitourenausrüstung.

Ausgangspunkt/Anfahrt: Gasthof Winkelmoos im Pletzergraben. Zufahrt über Fieberbrunn und bei einer auffallenden und unübersichtlichen Straßenkuppe im Ortsgebiet nach Süden in den Pletzergraben.

Route: Vom Gasthof Winkelmoos flach entlang der Almstraße nach Süden bis an den Waldrand. Dort geht es über die Wiesen hinauf Richtung Westen bis ans obere linke Eck der Almwiese. Hier auf einem kleinen Steig über den Bach, dann durch den Wald nach Süden bis zur nächsten Almwiese. Diese

Die Nordabfahrt vom Karstein mit den deutlich sichtbaren Felsabbrüchen.

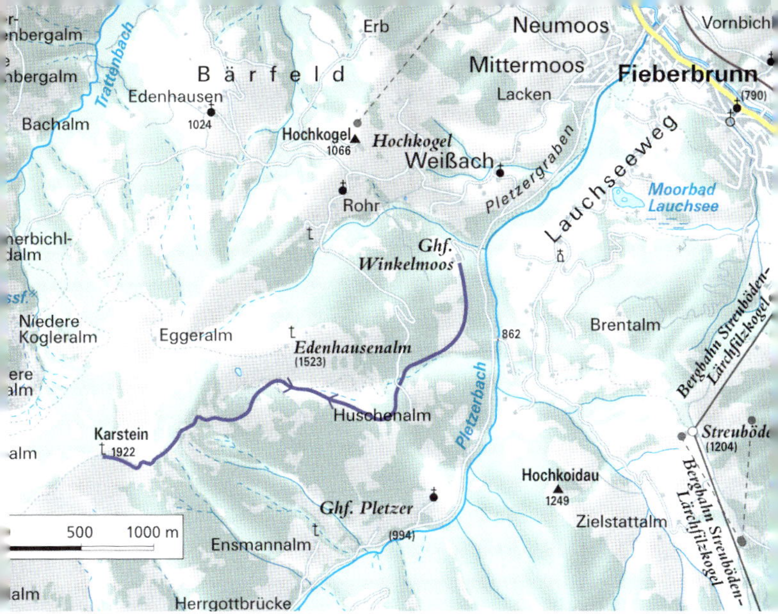

hinauf bis zur Huschenalm und kurz auf der Straße nach Süden durch ein Wäldchen. Danach die Wiesen bergwärts, bis man von Weitem die schön gelegene Edenhausenalm (1523 m) sieht. Ein gutes Stück davor nach links (Südwest) und durch lichten Wald auf den Gipfelrücken. Auf diesem wechselnd steil über Kuppen zum Kreuz. Abfahrt wie Anstieg.

Einkehr: Gasthof Winkelmoos (www.gasthof-winkelmoos.at), Café Birnbacher in St. Ulrich am Pillersee (members.aon.at/restaurant-birnbacher)

Variante/Tipp: Bei stabilen Verhältnissen kann man vom Gipfel kommend am Beginn des ersten Flachstückes nach Norden in das Kar abfahren (Achtung Felsabbrüche). Vom Karboden flach nach Osten queren und zur Edenhausalm hinauf (15 Höhenmeter Gegenanstieg). Weiter entlang der Aufstiegsspur.

Weitere Touren in der Region:
Skitourenatlas
Salzburg – Berchtesgaden,
Routen 190–193

32 Gaisberg

Fieberbrunn

Der Gaisberg gehört zwar nicht zu den Promi-Gipfeln im Skitourenreigen der Kitzbüheler Alpen, die vielen freien Flächen bieten aber ungetrübten Skigenuss, für den man dann den langen „Talhatscher" gern in Kauf nimmt.

Anforderung: Mittelschwere Skitour mit etwas längerem Talzustieg. 950 Höhenmeter und 3 Stunden Anstieg.

Gipfel: Gaisberg 1798 m.

Ausrüstung: Skitourenausrüstung.

Ausgangspunkt/Anfahrt: Abzweigung Gasthof Winkelmoos im Pletzergraben (Ende der Schneeräumung). Zufahrt über Fieberbrunn und bei einer auffallenden und unübersichtlichen Straßenkuppe im Ortsgebiet nach Süden in den Pletzergraben.

Route: Vom Parkplatz geht es auf der ungeräumten Straße flach taleinwärts, sie hat aber genug Gefälle, dass man retour wieder gemütlich hinausrutschen kann. Am geschlossenen Gasthof Pletzer vorbei kommt man schließlich zur Abzwei-

Blick vom Gaisberg zum Stuckkogel (Tour Nr. 35)

gung Herrgottbrücke (1045 m) mit vielen Wegweisern. Von hier weiter nach Südwesten den Bach entlang bis zu einem Hütterl, dann zunehmend steiler in den Kessel der Lengfilzalm hinauf und nach Westen auf den Verbindungsrücken zum Stuckkogel. Auf diesem Rücken nach Süden zum Gipfelkreuz. Abfahrt wie Anstieg.

Einkehr: Café Birnbacher in St. Ulrich am Pillersee (members.aon.at/restaurant-birnbacher)

Variante/Tipp: Vom Gaisbergkreuz am Kamm nach Südosten zum Gebrajoch (1779 m) und über die felsdurchsetzte Westseite auf den Großen Gebra (2057 m). Abfahrt dann am besten retour Richtung Joch, aber kurz davor rechts eines Grabens über die freien Flächen hinunter zum Lengfilzenbach. Nur bei stabilen Verhältnissen.

Weitere Touren in der Region:
Skitourenatlas
Salzburg – Berchtesgaden,
Routen 190–193

33 Wildseeloder-Südgipfel

Fieberbrunn

Auf den Landkarten wird der Südgipfel des Wildseeloder (Tour 34) nicht als eigenständiger Gipfel geführt. Aber wen schert das schon, angesichts des feinen Skigeländes mit dem steilen Abschlussstück.

Anforderung: Bis zur Jufenhöhe mittelschwere Skitour, danach ein kurzes Steilstück zum Gipfel. 1200 Höhenmeter und 3,5 Stunden Anstieg.

Gipfel: Wildseeloder-Südgipfel 2079 m.

Ausrüstung: Skitourenausrüstung, Harscheisen.

Ausgangspunkt/Anfahrt: Abzweigung Gasthof Winkelmoos im Pletzergraben (Ende der Schneeräumung). Zufahrt über Fieberbrunn und bei einer auffallenden und unübersichtlichen Straßenkuppe im Ortsgebiet nach Süden in den Pletzergraben.

Route: Vom Parkplatz geht es auf der ungeräumten Straße flach taleinwärts, sie hat aber genug Gefälle, dass man retour wieder gemütlich hin-

Der Grat vom Süd- zum Hauptgipfel ist meist ziemlich überwechtet.

ausrutschen kann. Am geschlossenen Gasthof Pletzer vorbei kommt man schließlich zur Abzweigung Herrgottbrücke (1045 m) mit vielen Wegweisern. Hier auf der Almstraße südwärts bis zur Weggabelung, bei der man sich links hält. Am besten bleibt man bis zur ersten Abzweigung auf der Almstraße und verlässt hier die Straße. Nun über freie Almflächen (nur kurz ein paar Bäume) parallel zum Sulztalbach nach Südosten an der Jufenalm vorbei auf die Jufenhöhe (1890 m) und zum Schluss recht steil nach Norden auf den unbezeichneten Gipfel. Abfahrt wie Anstieg.

Einkehr: Café Birnbacher in St. Ulrich am Pillersee (members.aon.at/restaurant-birnbacher)

Variante/Tipp: Bei entsprechenden Bedingungen (Wechten) über den Grat weiter nach Norden zum Hauptgipfel.

Weitere Touren in der Region: Skitourenatlas Salzburg – Berchtesgaden, Routen 190–193

34 Wildseeloder

Kitzbüheler Alpen

Auch wenn die Skitour auf den „Mann des Wildsees“ (Loder= Mann) in der Nähe der Liftanlagen von Fieberbrunn liegt: Anfängergelände ist das keines. Nicht umsonst toben sich hier auch die besten Freerider aus.

Anforderung: Im Schlussteil anspruchsvolle Skitour, nur bei sicheren Verhältnissen.
1150 Höhenmeter, 3,5 Stunden Anstieg.

Gipfel: Wildseeloder 2118 m.

Ausrüstung: Skitourenausrüstung, Harscheisen.

Ausgangspunkt/Anfahrt: Gehöft Koglern (970 m) in Fieberbrunn. Zufahrt Richtung Hochfilzen, bei Walchau zur Eisernen Hand abzweigen und kurz vor der Eisernen Hand Richtung Lärchfilzalm bis Koglern hinauffahren (Allrad, Ketten).

Route: Vom Gehöft Koglern entlang der Straße zur Lärchfilzniederalm (1116 m, Talstation Sessellift) und weiter auf der Almstraße (teilweise Pistengelände) zur Hochalm. Dahinter weiter auf der Straße um den Lärchfilzkogel herum zur

Steiler Schlussteil der Tour auf den Wildseeloder.

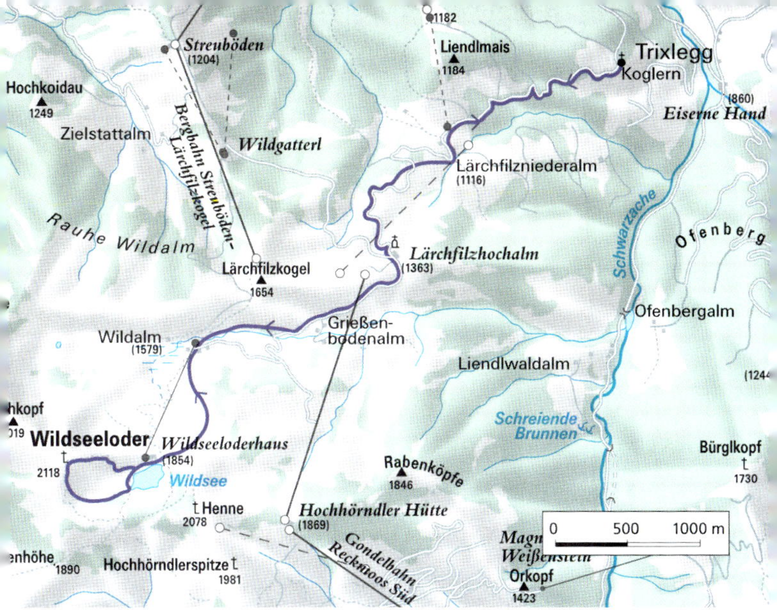

Grießenbodenalm und nach der Bachquerung westwärts zur Wildalm (1579 m) hinauf. Nun entlang des Sommerweges oder links der Felsen durch eine steile Rinne hinauf zum Wildseeloderhaus (1854 m). Kurz zum See hinunterrutschen, entlang des Westufers weiter und durch das Kar zum Schluss steil auf den Verbindungsgrat zum Südgipfel. Am Grat (Wechten!) nach Norden zum Kreuz. Abfahrt wie Anstieg.

Einkehr: Lärchfilzhochalm (www.laerchfilzhochalm.at)

Variante/Tipp: Auf den Wildseeloder über den Grat (Wechten!) vom Südgipfel herüber (Anstieg siehe Tour Nr. 33). Wenn der Wildseeloder zu anspruchsvoll oder zu lawinengefährlich erscheint, kann man auf die Platte (1906 m) ausweichen: Von der Wildalm westwärts durch Mulden auf den Vorgipfel und am Rücken zum Gipfel (950 Höhenmeter, 3 Stunden von Koglern).

Weitere Touren in der Region: Skitourenatlas Salzburg – Berchtesgaden, Routen 190–193

35 Stuckkogel

Fieberbrunn

Wie beim Gaisberg (Tour 32) gilt auch beim Stuckkogel: Das feine Skigelände macht den langen Talhatscher durch den Pletzergraben mehr als wett. Die typische Grasbergtour ist am schönsten im Hochwinter bei frischem Pulver.

Anforderung: Mittelschwere Skitour mit etwas längerem Talzustieg. 1000 Höhenmeter und 3 Stunden Anstieg.

Gipfel: Stuckkogel 1888 m.

Ausrüstung: Skitourenausrüstung.

Ausgangspunkt/Anfahrt: Abzweigung Gasthof Winkelmoos im Pletzergraben (Ende der Schneeräumung). Zufahrt über Fieberbrunn und bei einer auffallenden und unübersichtlichen Straßenkuppe im Ortsgebiet nach Süden in den Pletzergraben.

Route: Vom Parkplatz geht es auf der ungeräumten Straße flach taleinwärts, sie hat genug Gefälle, dass man retour wieder gemütlich hinausrutschen kann. Am geschlossenen Gasthof Pletzer vorbei kommt man schließlich zur Abzweigung

Bei der Herrgottbrücke teilen sich die Wege im Pletzergraben.

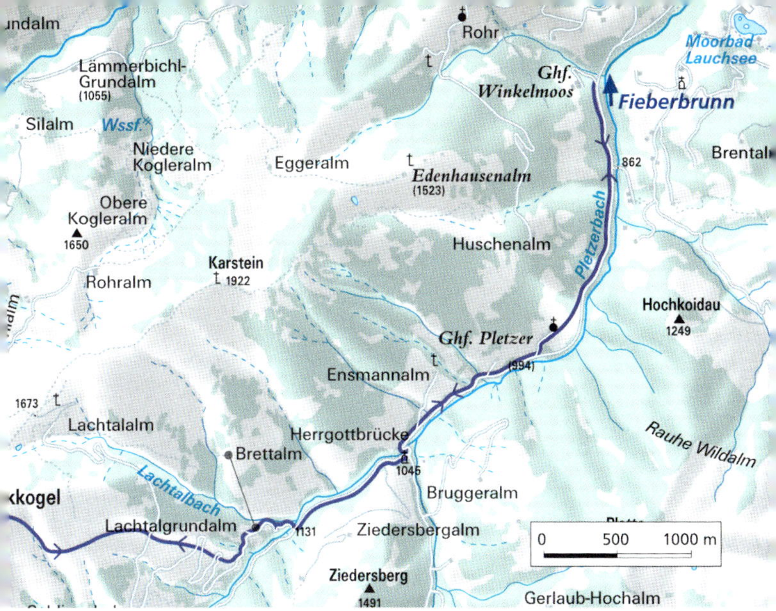

Herrgottbrücke (1045 m) mit vielen Wegweisern. Von hier weiter nach Südwesten den Bach entlang bis zu einem Brückerl über den Lengfilzenbach (Wegweiser). Man quert und geht vorbei an der Lachtalgrundalm kurz noch auf der Straße bleibend über einen Graben. Danach über gestufte Almwiesen nach Westen bis zu einem Steilaufschwung, hier rechts haltend am Waldrand entlang auf den Ostrücken und weiter nach Westen zu einem felsigen Vorgipfel. Dahinter durch eine Mulde oder weiter am Rücken auf den Gipfel. Abfahrt wie Anstieg.

Einkehr: Café Birnbacher in St. Ulrich am Pillersee (members.aon.at/restaurant-birnbacher)

Variante/Tipp: Vom Stuckkogel kann man über den Verbindungsrücken auch den Gaisberg (Tour 32) mitnehmen. Die beiden Skigipfel sind natürlich auch in umgekehrter Richtung zu einer Rundtour verbindbar.

Weitere Touren in der Region:
Skitourenatlas
Salzburg – Berchtesgaden,
Routen 190–193

36 Zirmkogel – Süd

Salzachtal – Kitzbüheler Alpen

An der Nordseite des Salzachtales zwischen Zell am See und Mittersill reiht sich Skigipfel an Skigipfel. Die nach Süden ausgerichteten Hänge versprechen feinsten Firn, oft schon im März. Der Zirmkogel ist einer von ihnen.

Anforderung: Einfache Firntour, nur bei stabilen Verhältnissen. 1000 Höhenmeter und 2,5 Stunden Anstieg.

Gipfel: Zirmkogel 2215 m.

Ausrüstung: Skitourenausrüstung.

Ausgangspunkt/Anfahrt: Schranken „Prack“ (1200 m). Auffahrt von Steindorf nach Norden über Gaisbichl bis zum Straßenschranken (1200 m, Wegweiser).

Route: Auf der Forststraße nach Norden bis zu einer Gabelung (Wegweiser), hier geradeaus nach Nordosten Richtung Katzsteinalm über den Steinbachgraben bis zum nächsten Wegweiser. Hier auf dem Almweg nordwärts zu den Almen und dann Richtung Klammscharte. Kurz vor der Scharte den Graben queren

Feines Skigelände auf der Südseite des Zirmkogel.

und über den schönen, freien Südosthang auf den Gipfel. Abfahrt wie Anstieg.

Einkehr: Gasthof Kröll in Steindorf (www.gasthof-kroell.at)

Variante/Tipp: Von den Almböden lohnender Abstecher nach Nordosten auf den Niederen Gernkogel (2153 m).

Weitere Touren in der Region:
Skitourenatlas Salzburg – Berchtesgaden, Routen 202–210

37 Wastlhöhe — Dienten

Die Skitour in Dienten auf die Wastlhöhe ist eine typische Schlechtwettertour. Die Bäume rund um das ungefährliche Almgelände erleichtern die Orientierung und etwas weiter oben bewegt man sich sogar in der Nähe des gesicherten Skiraumes. Von Extremsituationen abgesehen ist die Tour auch relativ lawinensicher, sie wird als Variantenabfahrt häufig befahren.

Anforderung: Einfache Hochwintertour auf einer Variantenabfahrt. 750 Höhenmeter und 2 Stunden Anstieg.

Gipfel: 1 737 Wastlhöhe.

Ausrüstung: Skitourenausrüstung.

Ausgangspunkt/Anfahrt: Brücke über den Dientenbach (1 000 m). Auf der Straße Dienten-Embach wenige Meter südlich der Straßenbrücke über den Grüneggbach.

Route: Einer Almstraße entlang nach Osten hinauf zu einer Almhütte, dahinter über freie Wiesen weiter nach Osten zur Lengthalalm und die Almstraße querend an der Plaudereggalm

 Die Wastlhöhe bietet eine echte Schlechtwettertour.

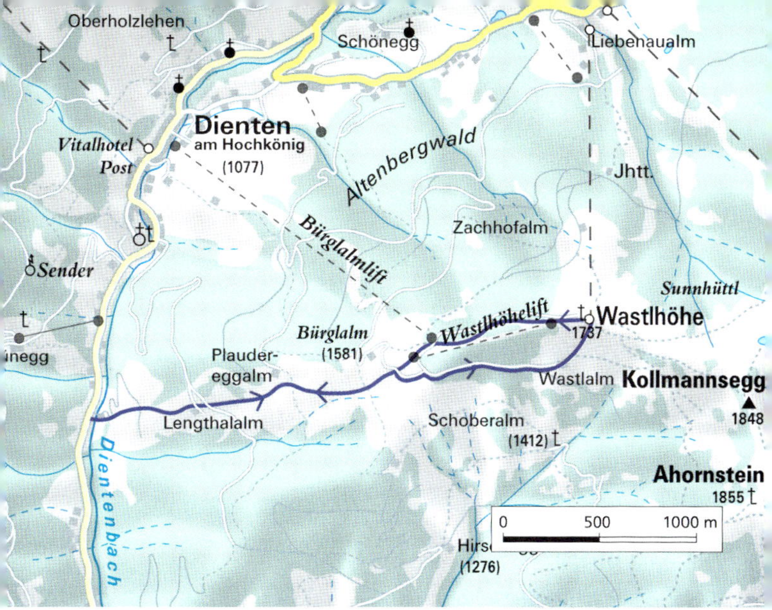

vorbei zur Bürglalm (Talstation Schlepplift). Von hier rechts (südlich) des Liftes durch Wald hinauf zum höchsten Punkt. Abfahrt über die Piste zur Bürglalm, dann wie Anstieg.

Einkehr: Bürglalm (www.buerglalm.at), Dorfstub'n in Dienten (www.dorfstubn.at)

Variante/Tipp: Von der Wastlhöhe kann man noch südostwärts auf das Kollmannsegg (1848 m) weiterwandern.

Weitere Touren in der Region:
Skitourenatlas
Salzburg – Berchtesgaden,
Routen 143–150, 164–166

38 Anthaupten – Nord

Embach

Der nördlichste Ausläufer der Goldberggruppe bietet an seiner Nordroute nach Schneefällen meist länger als andere Pulverbedingungen. Der hohe Waldanteil dieser Route stört nur scheinbar: Er hält den Wind ab, es bleibt aber Platz genug zum Skifahren.

Anforderung: Klassische Hochwintertour, 900 Höhenmeter und 2,5 Stunden Anstieg.

Gipfel: Anthaupten 1924 m.

Ausrüstung:
Skitourenausrüstung.

Ausgangspunkt/Anfahrt:
Embach, Straßenabzweigung westlich des Ortszentrums, Babylift. Zufahrt über Lend nach Embach.

Route: Von der Abzweigung (Wegweiser) entlang der Straße (Wegweiser) nach Süden zur Straßenteilung. Weiter auf der Straße nach Osten über den Kirchbach bis zur Piste. Auf dieser zur Bergstation und nach Südosten auf einem deutlich sichtbaren Ziehweg hinauf zu der monströsen Sendeanlage. Weiter auf dem Ziehweg bleiben (nicht auf die Straße

Der Sonne entgegen auf den Anthaupten.

wechseln!) nach Südosten, bis man erneut auf die Straße trifft. Hier auf dem Ziehweg direkt südwärts an einem Schlag vorbei über Gräben nach Osten und auf Wiesen zu einer kleinen Hütte. Ab hier auf dem logischen Weg nach Süden (schmaler Durchschlupf durch einen Waldgürtel) auf einen Rücken und in wenigen Minuten zum Gipfel. Abfahrt wie Anstieg.

Einkehr: Krämerwirt in Embach (www.kraemerwirt.at)

Variante/Tipp: Katzenkopf (2061 m) „mitnehmen“. Vom Anthaupten ein Stück nach Südosten zu den Almböden abfahren und über den Westrücken auf den Katzenkopf.

Weitere Touren in der Region: Skitourenatlas Salzburg – Berchtesgaden, Routen 361–363

39 Hahnbalzköpfl – West

Embach

Der Westanstieg auf das Hahnbalzköpfl ist weitaus weniger besucht als die Gasteiner Seite. Die etwas längere Talpartie mag manche abschrecken. Gut so, denn umso eher hat man hier die Chance auf unverspurte Pulverhänge.

Anforderung: Einfache Hochwintertour, selten gespurt. 900 Höhenmeter und 3 Stunden Anstieg.

Gipfel: Hahnbalzköpfl 1862 m.

Ausrüstung: Skitourenausrüstung.

Ausgangspunkt/Anfahrt: Embach, Weiler Stoffdörfl (970 m). Zufahrt östlich des Ortszentrums auf schmaler Straße nach Osten.

Route: Von Stoffdörfl auf der Almstraße bis zu einer Weggabelung. Hier rechts hinauf zu einem Wegweiser. Weiter konsequent nach Süden ins Teufenbachtal, dann flach, kurz leicht fallend zur Tischleralm. Nun wahlweise bis zum Talschluss (Hinterwinkelstoff-Hochalm), dann nach Osten über freie Almweiden und durch lichten Baumbestand

Viel Schnee – viel Genuss. Hier bei der Abfahrt vom Hahnbalzköpfl.

nach Südosten zum Kreuz oder schon nach der Tischleralm südostwärts über die Sachsalm auf den Rücken und dann nach Süden zum Kreuz. Abfahrten wie Anstiege.

Einkehr: Krämerwirt in Embach (www.kraemerwirt.at)

Variante/Tipp: Aus dem Teufenbachtal kann man auch auf den Anthaupten gehen. Entweder vom Talschluss dem Sommerweg in die Karscharte folgen und dann auf dem Südrücken zum Gipfel oder (Orientierung schwieriger) nach der Tischleralm zur Maschlalm abzweigen und hinter der Alm (noch vor einem Graben) nach Südwesten über Lichtungen auf den Nordrücken und so zum Gipfel.

Weitere Touren in der Region: Skitourenatlas Salzburg – Berchtesgaden, Routen 363–365

40 Bräuwinkelrunde

Goldberggruppe

Eine Rundtour für Kenner! Aber nur für Könner!

Anforderung: Anspruchsvolle hochalpine Tour, nur bei stabilen Verhältnissen im Frühjahr. Absturzgelände! Gesamtanstieg: 1450 Höhenmeter, 4 Stunden.

Gipfel: Herzog Ernst 2933 m.

Ausrüstung: Skitourenausrüstung, Harscheisen, Helm.

Ausgangspunkt/Anfahrt: Parkplatz Lenzanger – Mautstraße vom Bodenhaus nach Kolm Saigurn, Übernachtung.

Route: Vom Naturfreundehaus entlang der „Sonnblick-Route" steil auf dem Sommerweg zum Neubau (2176 m). Hinter der Hütte nach Südosten in die Fraganter Scharte und nach Osten auf den Herzog Ernst. Abfahrt in den Bräuwinkel vom Gipfel kurz nach Norden hinunter, bis man oberhalb der ersten Felsabbrüche nach Osten in ein Steilstück queren muss (Absturzgefahr!). Bei der besten Gelegenheit steil hinunter und über die Reste des Schareckkeeses nach Norden bis zur nächsten Felsstufe; hier links haltend, bis man in etwa auf

Anstieg zum Niedersachsenhaus, dahinter die Steilabfahrt vom Herzog Ernst.

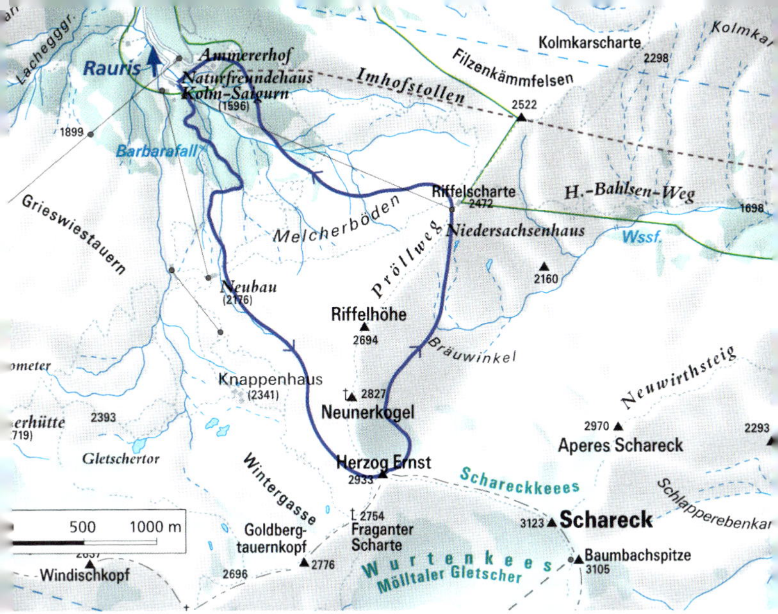

Höhe des Neuner nach Nordosten in den Bräuwinkel abfahren kann. Bei 2300 Meter ist dann sinnvollerweise Schluss und man steigt entlang einer deutlichen Rampe hinauf zum Niedersachsenhaus.
Abfahrt nach Kolm: Vom Niedersachsenhaus über freie Hänge nach Westen über die Melcher-Böden – bei der zweiten Stütze der Materialseilbahn links haltend – immer oberhalb einer Felsstufe, bis sich rechts nach Norden ein rinnenartiger Durchschlupf anbietet. Diesen hinab und nordwestlich über den Bach. Auf einem Steig nach Norden, bis man auf den markierten Sommerweg trifft.

Einkehr: Naturfreundehaus Kolm Saigurn (www.sonnblick-basis.at), Ammererhof (www.ammererhof.at)

Variante/Tipp: Bei sicheren Bedingungen ebenfalls lohnend: Von Kolm auf das Niedersachsenhaus.

Weitere Touren in der Region:
Skitourenatlas
Salzburg – Berchtesgaden,
Routen 349–356

41 Vorderes Labeneck Untertauern

Der Bergrücken zwischen Zauchensee und Untertauern ist von der Lifterschließung weitgehend verschont geblieben. Mit etwas Fantasie und Orientierungssinn lassen sich hier einige lohnende Hochwintertouren finden.

Anforderung: Einfache Hochwintertour, selten gespurt, Orientierungssinn notwendig. 900 Höhenmeter, 3 Stunden Anstieg.

Gipfel: Vorderes Labeneck 1832 m.

Ausrüstung: Skitourenausrüstung.

Ausgangspunkt/Anfahrt: Walchhofgut in Untertauern. Zufahrt nach der Abzweigung von der Bundesstraße bei der Gstattersiedlung (Wegweiser). Parkerlaubnis einholen!

Route: Vom Walchhof auf der präparierten Rodelbahn zur Walchhofalm. Von der Hütte auf der Straße wenige Meter nach Süden, bis sich rechts (Westen) ein Durchschlupf durch den Wald anbietet. Diesen hinauf zu einem Ziehweg, entlang des

 Die letzten Meter vor dem Labeneck.

Weges zu einer Forststraße und weiter bergauf südwestwärts über Schläge und Lichtungen, bis man zuletzt erneut auf eine Straße trifft, die in einer Linkskurve unter den Kessel des steilen Gipfelhanges führt. Aus diesem Kessel nach Westen auf einen Rücken und bergaufbergab auf Süd drehend zum höchsten Punkt. Abfahrt wie Anstieg oder bei stabilen Verhältnissen direkt über den steilen Gipfelhang.

Einkehr: Hotel Walchhofgut (www.stieglerhof.at)

Variante/Tipp: Auf das Vordere Labeneck kommt man auch von der Westseite. Wie bei Tour 42 auf die Labeneckalm und dann nach Nordwesten über Wiesen und durch lichten Wald auf den Rücken und bergaufbergab zum Gipfel.

Weitere Touren in der Region:
Skitourenatlas
Salzburg – Berchtesgaden,
Routen 434–448

42 Hinteres Labeneck

Zauchensee

Der Strimskogel in Zauchensee ist ein viel besuchtes Skitourenziel. Sein nördlicher Nachbar, das Labeneck, hingegen verspricht mehr Ruhe und bei hochwinterlichem Pulver Platz genug für die eigene Spur.

Anforderung: Einfache Hochwintertour. 900 Höhenmeter und 3 Stunden Anstieg.

Gipfel: Hinteres Labeneck 1986 m.

Ausrüstung: Skitourenausrüstung.

Ausgangspunkt/Anfahrt: Holzplatz (1050 m) an der Straße von Altenmarkt nach Zauchensee an der rechten Straßenseite, direkt gegenüber einer alten Schottergrube.

Route: Am besten entlang der Asphaltstraße taleinwärts, bis links ein Almweg abzweigt (Radstrecke Nr. 11). Dieser Forst- und Almstraße folgt man nach Norden, bis nach einer langen Rechtskurve eine Straße nach rechts abzweigt. Auf dieser nur ein paar Meter, bis links ein Holzziehweg nach Osten zur Labeneckalm hinaufführt.

 Auf den Wiesen der Eisenhofalm.

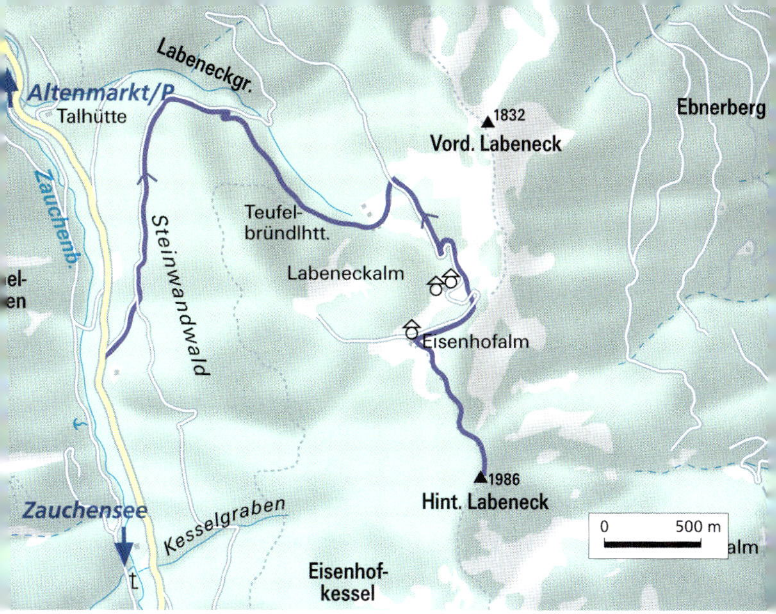

Bei der Alm über Wiesen weiter von Südwest auf Süd drehend in den Sattel bei der Eisenhofalm und etwas rechts des Kammes nach Süden zum höchsten Punkt. Abfahrt wie Anstieg.

Einkehr: Bäckerei/Konditorei Haidl in Altenmarkt (www.cafe-haidl.com)

Variante/Tipp: Die Abfahrt durch den Lienbachgraben ist im oberen Teil famos, unten wird der Graben durch einen Wildzaun sehr eng und schmal, gute Skitechnik ist hier gefragt. Vom Gipfel fährt man kurz Richtung Eisenhofalm, biegt aber vorher über schöne freie Wiesen nach Westen ab. Danach entlang des Grabens hinunter zur Straße. Nur bei ausreichender Schneelage sinnvoll.

Weitere Touren in der Region:
Skitourenatlas Salzburg – Berchtesgaden, Routen 435–436

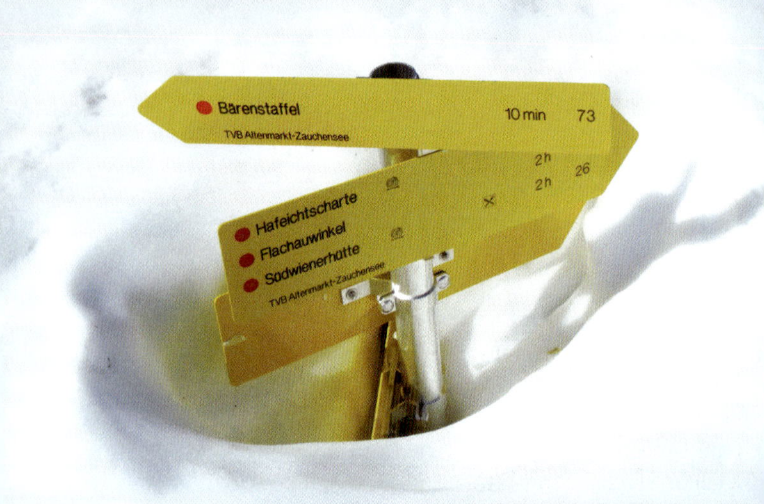

43 Bärenstaffl Nordanstieg Zauchensee

Wenn der Liftbetrieb im Frühjahr eingestellt wird, dann kommen die Skitourengeher in Zauchensee auf ihre Kosten. Die präparierten Pisten tauen nicht allzu schnell und man kann sich leicht ohne allzu viel Tragerei in die Höhe mogeln.

Anforderung: Kurze, aber steile Frühjahrstour. Nur bei sicheren Verhältnissen. 800 Höhenmeter und 2,5 Stunden Anstieg.

Gipfel: Bärenstafflkreuz 2125 m.

Ausrüstung: Skitourenausrüstung, Harscheisen.

Ausgangspunkt/Anfahrt: Parkplatz im Skigebiet Zauchensee.

Route: Von der Skiarena entlang der Piste nach Süden und weiter entlang des Sommerweges auf die Stubhöhe (1739 m). Man folgt ziemlich genau dem Sommerweg durch den lichten Lärchenbestand und steigt recht steil in die Scharte westlich des Bärenstafflkreuzes (2125 m). In wenigen Metern geht es zum höchsten Punkt. Abfahrt wie Anstieg.

Der Wegweiser gibt eine Idee von der Schneehöhe nahe des Bärenstaffl.

Einkehr: Bäckerei/Konditorei Haidl in Altenmarkt (www.cafe-haidl.com)

Variante/Tipp: Besonders lohnend ist es, zur Stubhöhe zurück abzufahren, dann weiter über den Rücken nach Norden zum Leckriedel (1846 m) aufzusteigen. Hinter dem Leckriedel weiter auf dem Rücken nach Norden bis zur Rauchkopfhütte und über die Piste hinunter nach Zauchensee.

Weitere Touren in der Region:
Skitourenatlas Salzburg – Berchtesgaden, Routen 435–436

44 Moseregg

Radstädter Tauern

Das unscheinbare Moseregg steht ganz im Schatten der mächtigen Ennskraxn. Die Hochwintertour ist selten besucht, entsprechend groß ist die Chance auf unverspurte Hänge.

Anforderung: Einfache Skitour, selten gespurt, Orientierungssinn notwendig. 950 Höhenmeter und 3 Stunden Anstieg.

Gipfel: Moseregg 1960 m.

Ausrüstung: Skitourenausrüstung.

Ausgangspunkt/Anfahrt: Liftparkplatz in Flachauwinkl, Walchau (1030 m). Zufahrt über die A 10.

Route: Vom Parkplatz auf der abgeschrankten Straße ins Ennstal bis zur Baierhütte (1330 m, 1 Stunde). Achtung: Nicht zu früh Richtung Grundbichlhütte abzweigen, diese Route ist aus wildökologischen Gründen gesperrt. Von der Baierhütte auf einer Forststraße nach Westen, dann nach der letzten Rechtskehre die Straße westwärts verlassen und durch lichtes Waldgelände bis unter

Die Ennskraxn ist der Blickfang beim Anstieg zum Moseregg.

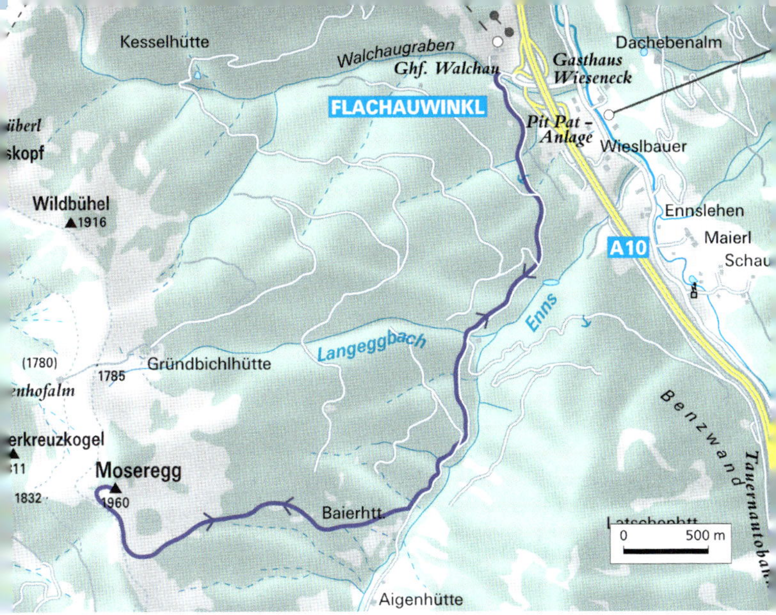

die Bergflanke. Hier links haltend (Südwest) in Richtung des Sattels zwischen Moseregg und Seekopf, am besten aber noch vor diesem Sattel auf den Moseregg-Südrücken und über diesen – fallweise etwas auf die Westseite ausweichen – hinauf zum Gipfel. Abfahrt wie Anstieg.

Einkehr: Der Schauphof auf der Straße von Flachauwinkl nach Süden bietet viele Köstlichkeiten aus der bäuerlichen Produktion (www.schauphof.at).

Variante/Tipp: Statt auf das Moseregg auf den der Ennskraxn vorgelagerten Seekopf (1986 m). Route wie oben beschrieben, aber direkt in die Einsattelung zwischen den beiden Gipfeln (Wegweiser). Weiter am Verbindungsrücken über ein Steilstück direkt an den Seekopf heran und über den steilen Nordwesthang auf den Gipfel. Achtung: Steil, nur bei stabilen Verhältnissen. Vor allem nach Föhnperioden Lawinengefahr.

Weitere Touren in der Region:
Skitourenatlas
Salzburg – Berchtesgaden,
Routen 419–434

45 Ennskar – Schilchegg

Radstädter Tauern

Vom Marbachtal aus gehören Schilchegg und das benachbarte Benzeck zu den beliebteren Hochwintertouren der Region. Geschützt durch den langen Talzustieg ist man im Ennskar hingegen oftmals völlig allein unterwegs. Eine lohnende Skitour für alle, die einen einstündigen „Talhatscher“ nicht scheuen.

Anforderung: Einfache Skitour mit langem Talzustieg, selten gespurt. 1000 Höhenmeter und 3,5 Stunden Anstieg.

Gipfel: Schilchegg 1960 m.

Ausrüstung:
Skitourenausrüstung.

Ausgangspunkt/Anfahrt:
Liftparkplatz in Flachauwinkl, Walchau (1030 m). Zufahrt über die A 10.

Route: Vom Parkplatz auf der abgeschrankten Straße ins Ennstal bis zur Baierhütte (1330 m, 1 Stunde) und weiter taleinwärts (kurz fallend) über die Enns zur Täublalm. Der Anstieg folgt weiter dem Verlauf des Ennskares nach Süden über die Oberennsalm, bis man auf dem Verbindungsrücken

 Anstieg durch das weite Ennskar.

zwischen Schilchegg und Bernkarkogel steht. Hier am Rücken über einige Kuppen nach Nordosten auf den Gipfel. Abfahrt wie Anstieg.

Einkehr: Der Schauphof auf der Straße von Flachauwinkl nach Süden bietet viele Köstlichkeiten aus der bäuerlichen Produktion (www.schauphof.at).

Variante/Tipp: Bei sicheren Bedingungen (Frühjahr) können Routinierte vom Ennskar aus auch auf den Kraxenkogel (2436 m) steigen. Etwas vor der Oberennsalm zweigt man dazu Richtung Enns-Ursprung nach Westen in das recht steile Ursprung-Kar ab. In der Scharte zwischen Kraxenkogel und Bernkarkogel angelangt, geht es dann über den Südrücken auf den Gipfel.

Weitere Touren in der Region:
Skitourenatlas Salzburg – Berchtesgaden, Routen 419–434

46 Windschaufel

Radstädter Tauern

Eine trapezförmige Berggestalt, die sich mit ihrer Breitseite exakt gegen die bei uns vorherrschende Nordweströmung stemmt – der Name ist Programm. An der Südostseite sehr steile Grasmatten und freie Flächen. Die Windschaufel ist wirklich nur etwas für routinierte Skibergsteiger und auch für solche nur an wenigen Tagen im Winter zu befahren.

Anforderung: Alpine Skitour, nur bei absolut stabilen Verhältnissen, nur für routinierte Alpinisten. Vorsicht Gleitschneelawinen! Südlage, sehr früher Aufbruch! 1100 Höhenmeter und 3 Stunden Anstieg.

Gipfel: Windschaufel 2214 m.

Ausrüstung: Skitourenausrüstung, Harscheisen.

Ausgangspunkt/Anfahrt: Tauernautobahn A 10, Ausfahrt Flachauwinkl nach Süden bis zur Unterführung bei der Zufahrt zur Südwienerhütte (1140 m, Wegweiser).

Route: Auf der abgeschrankten Straße nach Süden zur Puelhütte und über die Zehenthofhütte

 Rassige Abfahrt von der Windschaufel.

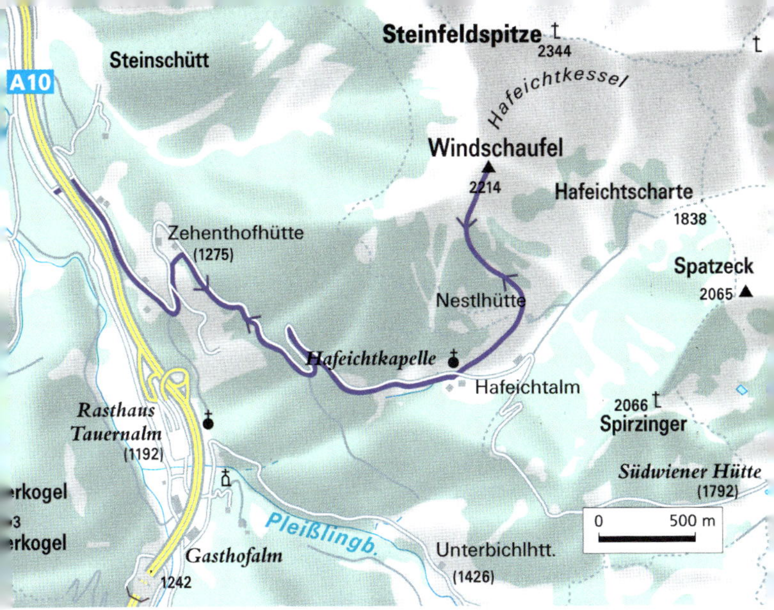

hinauf zur Hafeichtalm und zur Hafeichtkapelle (1640 m). Von der Alm bis kurz vor die Nestlhütte weiter, dann an der Ostseite einer deutlichen Rinne nach Norden durch lichten Wald folgend, zunehmend steiler auf den immer enger werdenden Rücken auf die Windschaufel. Am Grat (Wechten!) ostwärts zum höchsten Punkt. Abfahrt wie Anstieg.

Einkehr: Der Schauphof auf der Zufahrtsstraße von Flachauwinkl bietet viele Köstlichkeiten aus der bäuerlichen Produktion (www.schauphof.at)

Variante/Tipp: Bei ausreichender Schneelage kann man zu den Hafeichtalmen auch von der Autobahnstation Tauernalm (1190 m) ansteigen. Die Route führt über die Gedenkkapelle ins Pleißlingtal und nach Nordosten auf die Almzufahrtsstraße.

Weitere Touren in der Region:
Skitourenatlas
Salzburg – Berchtesgaden,
Routen 419–434

47 Säuleck

Schladminger Tauern

Die Niederen Tauern sind für Skitouren wie geschaffen. Das Säuleck gehört sicher nicht zu den ganz bekannten Bergzielen hier. Gerade im Hochwinter ist der Zustieg ziemlich lang. Dafür warten hier dann aber oft unverspurte Hänge.

Anforderung: Mittelschwere, aber lange Hochwintertour, nur bei stabilen Verhältnissen. 1300 Höhenmeter und 4 Stunden Anstieg.

Gipfel: Säuleck 2359 m.

Ausrüstung:
Skitourenausrüstung.

Ausgangspunkt/Anfahrt:
Schranken nach dem Wirtshaus Winkler im Sattental. Zufahrt von Pruggern im Ennstal nach Süden.

Route: Vom Schranken bei der Brücke über den Griesbach langer, flacher Zustieg vorbei am Leonhardkreuz bis zur Keinreiteralm und weiter, bis vor der Lettmaieralm eine Forststraße über den Bach führt. Auf dieser bis kurz vor die letzte Kehre, dann nach

 Der Anstieg durch das Sattental ist lang, aber landschaftlich bezaubernd.

Süden auf die Almwiesen und über den Schneetalrücken Richtung Gipfel. Auf dem Gipfelgrat zu Fuß zum höchsten Punkt. Abfahrt wie Anstieg.

Einkehr: Gasthof Bierfriedl in Pruggern (www.bierfriedl.at)

Variante/Tipp: Das Säuleck ist auch ein Frühjahrsskiberg. Dann kann man die Straße meist etwas weiter ins Tal hineinfahren (sonst mit dem Fahrrad). Aufstieg wie oben, aber die Abfahrt führt dann vom Gipfel direkt nach Nordwesten in das steile Sonntagskar hinunter.

Weitere Touren in der Region:
Skitourenatlas Salzburg – Berchtesgaden, Routen 455–460

48 Gödernierkarkopf

Zederhaus

Das nach Süden ausgerichtete Gödernierkar besticht durch sein abwechslungsreiches Gelände mit vielen Mulden und Kuppen. Eine Frühjahrsgenusstour, für die es sich lohnt, die Ski ein wenig zu tragen.

Anforderung: Lange Frühjahrsskitour, 1400 Höhenmeter und 4 Stunden Anstieg. Nur bei Firnbedingungen, Tagesgang beachten.

Gipfel: Gödernierkarkopf 2595 m.

Ausrüstung: Skitourenausrüstung, Harscheisen.

Ausgangspunkt/Anfahrt: Zederhaus-Bruckdorf, Parkplatz unmittelbar nach der Mautstelle.

Route: Vom Parkplatz nach Nordosten über den Bach und auf der Forststraße (Wegweiser „Wastlalm“) bis zur Straßenteilung Schieferalm-Wastlalm (bis hierher die Ski meistens tragen). Am rechten Straßenast weiter nach Nordosten bis zur Abzweigung „Grandlalm“. Hier wieder rechts halten und leicht

An der Grandlalm vorbei auf den Gödernierkarkopf.

fallend hinunter zu einer Bachfurt. Hinter dem Bach nach Nordosten hinauf zur Grandlalm und weiter an der Ostseite des Kares entlang der Felsabstürze des Schwarzecks nach Norden. Zum Gipfel dreht die Tour – von den Felsen abgelenkt – auf Nordwest. Abfahrt wie Anstieg.

Einkehr: Kirchenwirt in Zederhaus (www.alpingasthof-kirchenwirt.at)

Variante/Tipp: Fallweise findet man auch Anstiegs- und Abfahrtsspuren über die Wastlalm. Das ist angesichts der von Gugl und Hochfeind herunterziehenden Lawinenstriche aber eher nicht zu empfehlen.

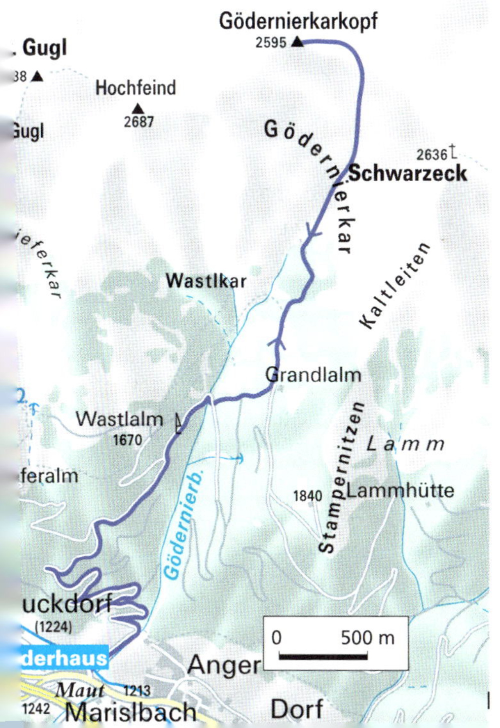

Weitere Touren in der Region: Skitourenatlas Salzburg – Berchtesgaden, Routen 527–528

49 Pleißnitzkar

Zederhaus

Der flache Karboden, eingerahmt von steilen Flanken ist von einem kurzen, aber dichten Waldgürtel gut geschützt. Das verhindert allzu viel Besuch in der einsamen Winterlandschaft.

Anforderung: Mittelschwere Skitour. 1200 Höhenmeter und 3 Stunden Anstieg. Nur bei stabilen Verhältnissen.

Gipfel: Pleißnitzscharte 2420 m.

Ausrüstung: Skitourenausrüstung, Harscheisen.

Ausgangspunkt/Anfahrt: Zederhaus, Ortsteil Gries (1250 m). Von Zederhaus auf der Landstraße taleinwärts, zum Denkmalhof Maurergut abzweigen und nach der Autobahnunterführung parken.

Route: Auf der Straße kurz parallel zur A 10 nach Süden, beim ersten Wegweiser auf einer älteren Forststraße hinauf auf eine neue Forststraße. Dieser folgt man dann in weiten Kehren (nicht ins Nahendfeldtal abzweigen!) bis zum Scheitelpunkt (1600 m). Unmittelbar nach diesem Punkt durch den

Einsames Kar in Zederhaus: das Pleißnitzkar.

etwas dichteren Wald nach Süden, bis man auf die Straße zur Plaißnitzalm kommt. Auf dieser Almstraße an den Beginn des Pleißnitzkares und parallel zum Bachgraben nach Süden in das weite Kar. Zum Schluss etwas steiler in die Scharte. Abfahrt wie Anstieg.

Einkehr: Kirchenwirt in Zederhaus (www.alpingasthof-kirchenwirt.at)

Variante/Tipp: Bei sicheren Bedingungen von der Scharte noch weiter entlang des Gratverlaufes nach Nordwesten auf den Pleißnitzkogel (2 536 m).

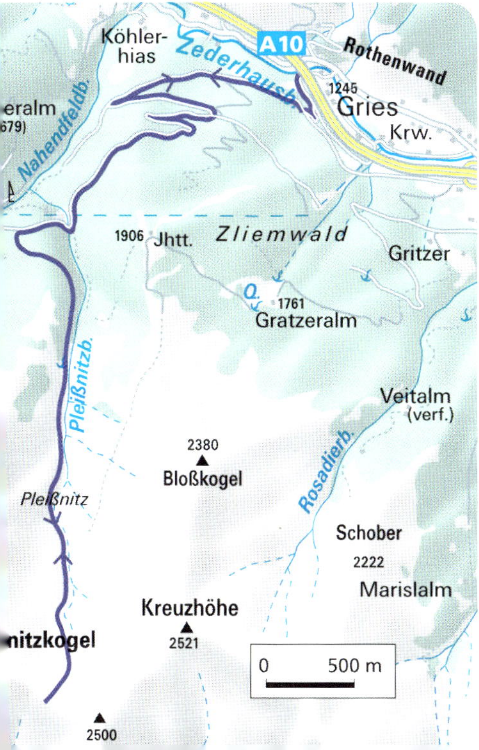

Weitere Touren in der Region: Skitourenatlas Salzburg – Berchtesgaden, Routen 500–503

50 Bloßkogel

Zederhaus

Viele Routen im Tourenmekka Zederhaus sind inzwischen auch unter der Woche gut besucht. Das Pleißnitzkar ist aufgrund seiner versteckten Lage eher ein Geheimtipp. Der weit ins Tal hinausragende Bloßkogel bietet zudem eine famose Aussichtsplattform.

Anforderung: Mittelschwere Skitour, streckenweise etwas steiler. 1100 Höhenmeter und 3 Stunden Anstieg. Nur bei stabilen Verhältnissen.

Gipfel: Bloßkogel 2380 m.

Ausrüstung: Skitourenausrüstung, Harscheisen.

Ausgangspunkt/Anfahrt: Zederhaus, Ortsteil Gries (1250 m). Von Zederhaus auf der Landstraße taleinwärts, zum Denkmalhof Maurergut abzweigen und nach der Autobahnunterführung parken.

Route: Auf der Straße kurz parallel zur A 10 nach Süden, beim ersten Wegweiser auf einer älteren Forststraße hinauf auf eine neue Forststraße. Dieser folgt man in weiten Kehren (nicht ins Nahendfeldtal abzweigen!) bis

Bei sicheren Bedingungen: Freie Abfahrtshänge vom Bloßkogel.

zum Scheitelpunkt (1600 m). Unmittelbar danach durch den dichteren Wald nach Süden, bis man auf die Straße zur Plaißnitzalm kommt. Auf dieser bis zum Beginn des Pleißnitzkares und parallel zum Bachgraben nach Süden, bis man hinter den Hütten den Graben queren kann. Weiter durch lichten Wald auf Nordost drehend, etwas steiler auf den Nordwestrücken des Bloßkogels und in vielen Kehren hinauf zum Vermessungszeichen auf dem Gipfel. Abfahrt wie Anstieg oder direkt über den hindernislosen Westhang entlang einer schwach ausgeprägten Rinne in den Karboden.

Einkehr: Kirchenwirt in Zederhaus (www.alpingasthof-kirchenwirt.at)

Variante/Tipp: Vom Bloßkogel weiter am teilweise abgeblasenen Rücken nach Süden auf die Kreuzhöhe (2521 m).

Weitere Touren in der Region: Skitourenatlas Salzburg – Berchtesgaden, Routen 500–503

51 Marislscharte – Balonspitze Zederhaus

Die Balonspitze ist eine beliebte Zederhauser Skitour. Weit weniger bekannt als der Normalanstieg vom Schießstand ist die Variante über die Marislscharte. Findige können hier eine Skitourenrunde zusammenstellen (siehe Variante).

Anforderung: Mittelschwere Skitour, 1 200 Höhenmeter und 3,5 Stunden Anstieg. Nur bei sicheren Bedingungen, wenn die Osthänge des Schober bereits entladen sind, sonst sehr gefährlich.

Gipfel: Balonspitze 2 485 m.

Ausrüstung: Skitourenausrüstung, Harscheisen.

Ausgangspunkt/Anfahrt: Auffahrt von Bruckdorf unter der A 10 hindurch (Wegweiser) hinauf Richtung Gritzer bis zur Straßengabelung (1 300 m).

Route: Von der Straßengabelung kurz nach Süden zur Piste des Schleppliftes. Hinter der Bergstation führt ein Almweg über Kehren zur Marislalm (1 810 m). Achtung: Die Querungen vor und hinter der Almhütte sind von großen Lawinenstrichen bedroht, nur nach Entladung die-

 Marislalm, dahinter die von der Sonne beleuchtete Marislscharte.

ser hier durchgehen. Von der Alm über Gräben in ein Kar und etwas steiler in die Marislscharte. Auf dem breiten Nordwesthang nach Süden auf die Balonspitze. Abfahrt wie Anstieg.

Einkehr: Kirchenwirt in Zederhaus (www.alpingasthof-kirchenwirt.at)

Variante/Tipp: Lohnend (zweiter Pkw nötig) oder wenn die Abfahrt über die Marislalm aufgrund des Tagesganges der Lawinengefahr zu heikel erscheint, ist die Abfahrt über die Balonspitzenroute. Vom Gipfel in das Kar rechtshaltend bis zur Reinfrankalm (1679 m) und dann auf der Forststraße bis zu einer Wegteilung. Hier nach links über den Karthäuserbach (Wildbachverbauung) und entlang des markierten alten Almweges (Ski kurz tragen) hinunter zum Zederhauser Schießstand.

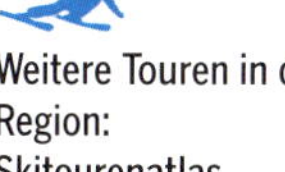

Weitere Touren in der Region: Skitourenatlas Salzburg – Berchtesgaden, Routen 497–499

52 Brettereck

Zederhaus

Auf der Westseite des Zederhauser Tales stehen Skigipfel in Sonderzahl. Das Brettereck wird nicht so häufig besucht und lockt mit einem feinen Nordkar.

Anforderung: Anspruchsvolle Skitour, nur bei sicheren Bedingungen. 1250 Höhenmeter und 3,5 Stunden im Anstieg. Im Gipfelbereich etwas Trittsicherheit erforderlich.

Gipfel: Brettereck 2406 m.

Ausrüstung: Skitourenausrüstung, Harscheisen.

Ausgangspunkt/Anfahrt: Zederhaus, Schießstand. Von Norden kommend nach der ersten Autobahnunterführung rechts hinauf.

Route: Vom Parkplatz beim Schießstand rechts eine Forststraße hinauf, über die Wiesen weiter zur nächsten Straße und hier den blau markierten Weg an der Kleinbergalm vorbei, dann eng und steil entlang des Karthäusergrabens bis zu einer Bachfurt bei einer Wildwasserverbauung. Hier die Bachseite wechseln und eine breite Forststraße hinauf bis kurz vor die

Im Kar zwischen Dolzenberg und Brettereck.

Reinfrankalm. Nun durch lichte Lärchenwälder nach Südwest zur Kocheralm und das Kar zwischen Dolzenberg und Brettereck langsam steiler nach Süden. An der schwächsten Stelle auf den Grat und in einem weiten Linksbogen über einen Vorgipfel auf das schroffige Brettereck. Abfahrt wie Anstieg oder direkt eine steile Rinne zwischen Haupt- und Vorgipfel nach Norden steil in das Kar hinunter.

Einkehr: Kirchenwirt in Zederhaus (www.alpingasthof-kirchenwirt.at)

Variante/Tipp: Änderungen des Ausgangspunktes durch Bauarbeiten an der Tauernautobahn möglich. Und: Die Forststraße nach der Querung des Karthäuserbaches hinauf zur Reinfrankalm ist auch in neueren Karten nicht eingezeichnet. Trotzdem leicht zu finden (siehe Skizze).

Weitere Touren in der Region: Skitourenatlas Salzburg – Berchtesgaden, Routen 497–499, 527–528

53 Melnikscharte Pöllatal

Das Pöllatal bietet mit seinen hochgelegenen Nordkaren oft Firngenuss bis Ende Mai. Wer bereit ist, die Ski auch einmal eine Stunde zu tragen, wird bei der Tour in die Melnikscharte mit feinstem, meist einsamem Skigelände belohnt. Obendrauf gibt's einen fantastischen Blick in die Hafnergruppe und auf die Holchalmspitze.

Anforderung: Mittelschwere Firntour, 1200 Höhenmeter und 3,5 Stunden Anstieg. Nur bei stabilen Firnbedingungen. Rechtzeitig aufbrechen!

Gipfel: Melnikscharte 2587 m.

Ausrüstung: Skitourenausrüstung, Harscheisen.

Ausgangspunkt/Anfahrt: Jagdhaus im Pöllatal. Zufahrt über die A 10 nach Rennweg und über den Ortsteil Gries ins Pöllatal. Parkplatz (1370 m) kurz vor dem Forsthaus.

Route: Von den Hütten rund ums Forsthaus nach Süden zur Kochlöffelhütte. Hinter der Hütte beginnt ein relativ steiler Almanstieg, der in einigen Kehren zur Ramsbacheralm (1759 m)

 Anstieg zur Melnikscharte.

führt. Von der Alm geht es durch lichten Lärchenbestand nach Südwesten bergauf zur Tscheiplhütte (1953 m) und weiter entlang der Felsen über das Tscheipleisig, bis man am oberen Ende von einem Felsvorsprung nach rechts (Norden) gedrängt wird. Ab hier etwas steiler parallel zu den Felsen in die Melnikscharte. Abfahrt wie Anstieg.

Einkehr: Kochlöffelhütte (www.kochloeffelhuette.at), Schoberblickhütte (www.schoberblickhuette.at)

Variante/Tipp: Von der Ramsbacheralm kann man entlang eines Almweges gleich direkt nach Nordwesten in das Nachbarkar zur Moareissighütte (1928 m) wechseln und von hier entlang der Felsrippe direkt in die Melnikscharte ansteigen.

Weitere Touren in der Region: Skitourenatlas Salzburg – Berchtesgaden, Routen 536–542

54 Oblitzen – Südanstieg

Pöllatal

Der Zustieg zu den eigentlichen Skihängen mag etwas langwierig sein, dafür wird man auf der Oblitzen-Südseite dann mit fast 800 Höhenmetern feinstem Firn belohnt. Und angesichts der Gesamtdauer der Tour stimmt auch meist der Einsamkeitsfaktor.

Anforderung: Steile Firntour. Nur bei sichersten Firnverhältnissen im Frühjahr, wenn das Pöllatal sicher zu begehen ist. 1300 Höhenmeter und 4 Stunden im Anstieg.

Gipfel: Oblitzen 2658 m.

Ausrüstung: Skitourenausrüstung, Harscheisen.

Ausgangspunkt/Anfahrt: Jagdhaus im Pöllatal. Zufahrt über die A 10 nach Rennweg und über den Ortsteil Gries ins Pöllatal. Parkplatz (1370 m) kurz vor dem Forsthaus.

Route: Vom Jagdhaus geht es lang taleinwärts auf der Forst- und Almstraße bis zur Ochsenhütte. (Die Spur einer Schneekatze erleichtert meist das Vorankommen.) Hinter der Hütte dann nach Norden und über die steile Ochsenleiten

Der Oblitzen-Südhang ist steil. Im Hintergrund die Hafnergruppe.

zum höchsten Punkt. Abfahrt wie Anstieg.

Einkehr: Kochlöffelhütte (www.kochloeffelhuette.at), Schoberblickhütte (www.schoberblickhuette.at)

Variante/Tipp: Konditionsstarke Tourengeher können die Oblitzen auch von Norden besteigen (Skitourenatlas, Tour Nummer 493) und dann je nach Reserven ein Stück Firn südwärts rauschen – der Gegenanstieg retour Richtung Muhrscharte zieht sich dann freilich ein wenig.

Weitere Touren in der Region:
Skitourenatlas
Salzburg – Berchtesgaden,
Routen 536–542

55 Teuerlnock

Nockberge

Von der Ferne sieht das Teuerlnock aus wie ein erloschener Vulkankegel in Südamerika. Es bietet neben der für die Nockberge so typischen sanften Skitour noch ein besonderes Schmankerl: Die gemütliche Bonner Hütte mit ihrer unvergleichlichen Sonnenterasse.

Anforderung: Einfache Skitour im Nockberggelände, bis zur Bonner Hütte etwas Orientierungssinn hilfreich. 800 Höhenmeter, 3 Stunden Anstieg.

Gipfel: Teuerlnock 2145 m.

Ausrüstung:
Skitourenausrüstung.

Ausgangspunkt/Anfahrt:
Großer Parkplatz (1340 m, Kapelle) an der Straße im Bundschuhtal knapp vor dem Hochofenmuseum. Zufahrt über St. Margarethen im Lungau.

Route: Vom Parkplatz einige Meter auf der Forststraße zu einer Hütte, dann entlang des Baches (Wildbachverbauung) auf dem Sommerweg nach Südwesten zu einer Forststraße. Hinter der nächsten Brücke

Bonner Hütte mit dem ebenmäßigen Teuerlnock dahinter.

verlässt die Route die Straße wieder und man steigt entlang des Sommerweges an der südlichen Bachseite nach Südwesten, bis der Weg nach einer kleinen Holzbrücke auf eine Forststraße dreht (Wegweiser). Diese Straße führt in einem weiten Linksbogen zur Bonner Hütte (1713 m). Von der Hütte über die flachen Wiesen nach Westen und den breiten Rücken zum Gipfel. Abfahrt wie Anstieg.

Einkehr: Bonner Hütte (www.bonner-huette.at)

Variante/Tipp: Der Teuerlnock-Westanstieg beginnt beim Gehöft Sampl – Auffahrt von Rennweg an der A 10 entlang des Laußnitzbaches. Von hier taleinwärts bis zu den Laußnitzalmwiesen und in einem weiten Linksbogen auf den Gipfelrücken.

Weitere Touren in der Region:
Skitourenatlas
Salzburg – Berchtesgaden,
Routen 488–491

56 Hühnerleitennock

Nockberge

Auch wenn die Landesstraße zum ehemaligen Skigebiet am Lungauer Schönfeld durch dichtes Waldgebiet führt: Hat man den Waldgürtel überlistet, findet sich auf den Höhen dahinter feinstes Nockberg-Skigelände.

Anforderung: Einfache Skirundtour im Nockberggelände. 700 Höhenmeter, 2 Stunden.

Gipfel: Hühnerleitennock 2182 m, Mühlhauser Höhe 2216 m.

Ausrüstung: Skitourenausrüstung.

Ausgangspunkt/Anfahrt: Parkplatz an der Landstraße bei der Kandolfalm (1548 m). Anfahrt von St. Margarethen im Lungau nach Bundschuh, weiter Richtung Schönfeld bis zur Kandolfalm.

Route: Direkt beim Parkplatz führt eine Brücke über den Bach. Dahinter auf den Wiesen kurz nordwärts zur Alm, bis man auf einen Almsteig trifft. Diesem durch den Wald nach Südosten bis zur Hiasbaueralm (1841 m) folgen. Bei der Hütte durch einen kurzen, engen Waldgürtel nach Nordosten,

Ob das hält? Abfahrt vom Hühnerleitennock.

dahinter wieder über freie Almflächen in einem leichten Rechtsbogen von Nord auf Ost drehend auf das Hühnerleitennock. Zur Mühlhauser Höhe über den breiten Rücken, ohne die Felle abzuziehen, flach direkt nach Süden. Abfahrt über die freien Hänge nach Nordwesten, bis man hinter zwei Stadeln am Waldrand rechts auf eine Forststraße trifft. Auf dieser hinab zur Schönfeldstraße zur Seifteralm und zum Ausgangspunkt.

Einkehr: Josef-Mehrl-Hütte an der Landesgrenze Salzburg-Kärnten (www.mehrlhuette.at)

Variante/Tipp: Sollte der Anstieg von der Kandolfalm zum Hühnerleitennock gesperrt sein (Wildfütterung), dann einfach umgekehrt gehen: Von der Seifteralm über die Forststraße nach Südosten bis zu den ersten Stadeln und hinauf zur Mühlhauser Höhe.

Weitere Touren in der Region: Skitourenatlas Salzburg – Berchtesgaden, Routen 487–491

57 Klölingnock

Nockberge

Mit dem Ende des Liftbetriebes am Schönfeld unmittelbar an der Grenze Salzburg-Kärnten sind hier eine Reihe kurzer, lohnender Skitouren entstanden. Jede ist für sich nur eine Spritztour von ein paar hundert Höhenmetern. Mit etwas Kombinationsgabe kann man aber ausgedehnte Rundtouren zusammenstellen – auch ins benachbarte ehemalige Skigebiet Karneralm.

Anforderung: Einfache Skitour im sanften Nockberggelände. 400 Höhenmeter und 1 Stunde Anstieg.

Gipfel: Klölingnock 2175 m.

Ausrüstung: Skitourenausrüstung.

Ausgangspunkt/Anfahrt: Parkplatz beim Hotel Schönfeld. Zufahrt über die A 10 Rennweg-Kremsbrücke oder vom Lungau über Bundschuh.

Route: Vom Parkplatz nach Norden, am ehemaligen Lifthäusl vorbei und in etwa entlang der alten Piste bergauf. Noch vor dem auffallenden Bachgraben führt die Route hinauf zur Schilcheralm. Hinter

 Die aufgelassene Talstation des Liftes am Schönfeld.

dieser verfallenen Almhütte weiter nordwärts in die Klölingscharte (2116 m) und am Rücken nach Nordwesten zum höchsten Punkt. Abfahrt wie Anstieg oder an der Nordseite des auffallenden Grabens hinunter zur Straße. Der sonst schwierig zu bewältigende Graben wird am besten kurz vor Erreichen der Straße gequert und man kann so bequem zum Parkplatz zurückrutschen.

Einkehr: Josef-Mehrl-Hütte an der Landesgrenze Salzburg-Kärnten (www.mehrlhuette.at)

Variante/Tipp: Besonders lohnend (und naheliegend) ist es, das Schilchernock (2270 m) „mitzunehmen". Am besten kurz vor der Klölingscharte nach Osten drehen und dann je nach Bedingungen Richtung Scharte abfahren.

Weitere Touren in der Region: Skitourenatlas Salzburg – Berchtesgaden, Routen 485–491

58 Peitlernock

Nockberge

Die Route auf das Peitlernock führt entlang der im Winter gesperrten Nockalmstraße fast ins Herz der Kärntner Nockberge. Man kann beim Anstieg natürlich einen der vielen volkstümlichen Schlager des Nockalm-Quintetts summen, auch wenn die Musiker mehrheitlich von ganz woanders herkommen und sich an die Nockberge namentlich quasi nur angelehnt haben.

Anforderung: Einfache Skitour im sanften Nockberggelände. 750 Höhenmeter und 2,5 Stunden Anstieg.

Gipfel: Peitlernock (2 244 m).

Ausrüstung: Skitourenausrüstung.

Ausgangspunkt/Anfahrt: Innerkrems (1 480 m), Abzweigung der gesperrten Nockalmstraße. Zufahrt über die A 10 Rennweg-Kremsbrücke oder vom Lungau über Bundschuh-Schönfeld.

Route: Von Innerkrems entlang der gesperrten, aber meist als Rodelbahn präparierten Nockalmstraße nach Süden bis zum Nockalmhof. Hinter dem im Winter geschlossenen Gast-

 Der Nockalmhof an der im Winter gesperrten Nockalmstraße.

haus geht es nach Südwesten durch lichten Wald zur Bärengrubenalm und südwärts – kurz etwas steiler – auf den Nordostrücken des Peitlernocks. Die letzten Meter etwas steiler zum Gipfelkreuz. Abfahrt wie Anstieg.

Einkehr: Josef-Mehrl-Hütte an der Landesgrenze Salzburg-Kärnten (www.mehrlhuette.at)

Variante/Tipp: Die Tour auf das Peitlernock ist sehr gut kombinierbar mit Tour Nummer 59 „Dörerköpfl – Bärenaunock". Auch der direkte Übergang vom Gipfel zum Bärenaunock und der Hohen Pressing ist möglich.

Weitere Touren in der Region: Skitourenatlas Salzburg – Berchtesgaden, Route 487

59 Dörerköpfl – Bärenaunock Nockberge

Wie viele andere Ziele in den Nockbergen auch, besticht auch die Tour auf das Dörerköpfl und das anschließende Bärenaunock nicht zuletzt durch die zahlreichen Kombinationsmöglichkeiten. Von der leichten Skiwanderung für Einsteiger auf das Dörerköpfl bis zur anständigen Tagestour ist alles drinnen.

Anforderung: Einfache Skitour im sanften Nockberggelände. 600 Höhenmeter und 2 Stunden Anstieg auf das Dörerköpfl; 850 Höhenmeter und 3 Stunden auf das Bärenaunock.

Gipfel: Dörerköpfl 2 056 m, Bärenaunock 2 292 m.

Ausrüstung: Skitourenausrüstung.

Ausgangspunkt/Anfahrt: Östlich der Ortschaft Innerkrems (Wegweiser „Schulterhöhe", einige Ferienhäuser) zweigt eine Forststraße nach Süden ab. Zufahrt über die A 10 Rennweg-Kremsbrücke oder vom Lungau über Bundschuh-Schönfeld.

Route: Man folgt der Forststraße in Kehren nach Südwesten bis zur Schulteralm (1 867 m).

 Der Nordrücken des Bärenaunock.

Dahinter durch lichten Lärchenbestand und freie Flächen nach Westen auf das Dörerköpfl. Der Weg weiter zum Bärenaunock führt nach Süden über den oft abgeblasenen Rücken. Abfahrt wie Anstieg. Bei der Abfahrt vom Bärenaunock meist etwas westlich des oft aperen Rückens nach Norden gleiten.

Einkehr: Josef-Mehrl-Hütte an der Landesgrenze Salzburg-Kärnten (www.mehrlhuette.at)

Variante/Tipp: Auf das Bärenaunock kann man auch über die Nockalmstraße, den Nockalmhof (vergleiche Tour Nr. 58 „Peitlernock") und die Bärengrubenalm in etwa entlang des Sommerweges ansteigen. Vom Bärenaunock kann man auch noch die Hohe Pressing (2 370 m) entlang des Verbindungsrückens anhängen. Die Tour wird damit insgesamt um etwa 1,5 Stunden länger.

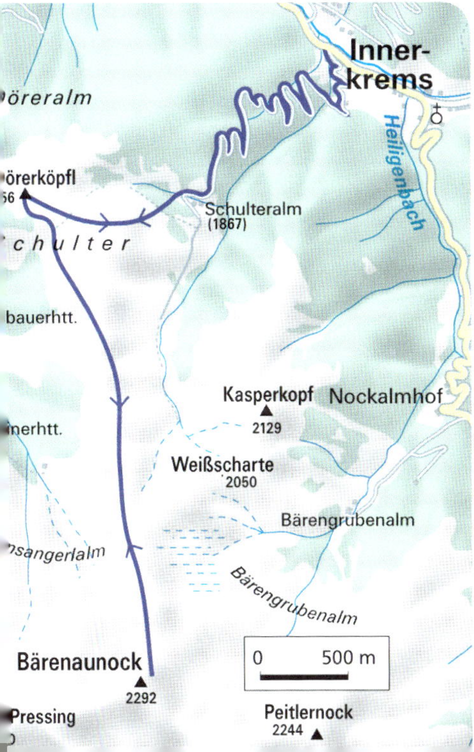

Weitere Touren in der Region: Skitourenatlas Salzburg – Berchtesgaden, Route 487

60 Schwerteck

Großglocknergruppe

Neben der alpinen Prominenz Glockner, Johannisberg und Fuscherkarkopf nimmt sich das Schwerteck fast bescheiden aus. Aber nur auf den ersten Blick: Auf den mächtigen Dreitausender führt eine Frühjahrsskitour erster Güte.

Anforderung: Anspruchsvolle Skitour im hochalpinen Gelände. Nur bei sicheren Firnbedingungen ratsam. 1250 Höhenmeter, 3,5 Stunden Anstieg. 150 Höhenmeter Gegenanstieg.

Gipfel: Schwerteck 3 247 m.

Ausrüstung: Skitourenausrüstung, Harscheisen.

Ausgangspunkt/Anfahrt: Glocknerhaus an der Großglockner Hochalpenstraße. Straßenzustand: www.grossglockner.at

Route: Los geht es zeitig in der Früh, nach einer erholsamen Nacht im gemütlichen Glocknerhaus. Meist zu Fuß am markierten Wanderweg zum Margaritzenspeicher absteigen und über die Staumauer. Hinter der Staumauer entlang des Sommerweges nach Westen

 Ein hochalpines Gustostückerl: Die Schneekuppe des Schwerteck in der Bildmitte.

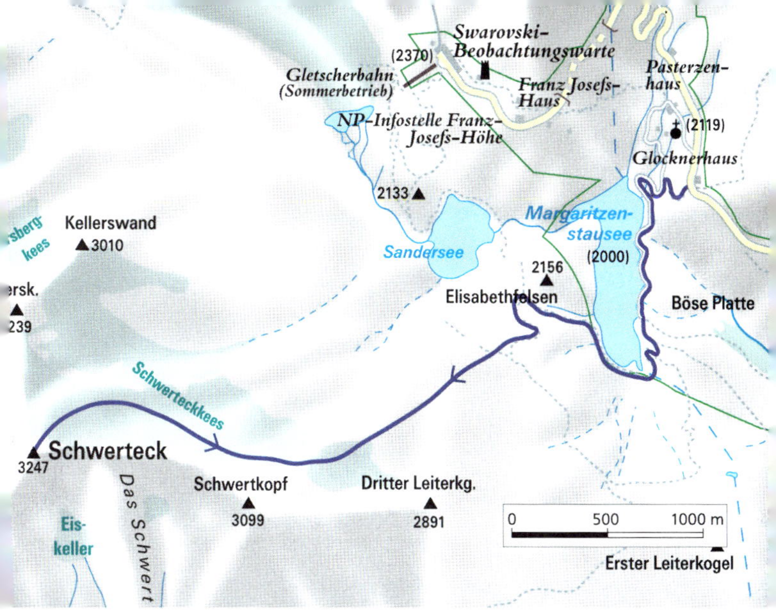

zum Elisabethfelsen (viele Steinmandln). Man quert nun noch etwas in den durch einige Rinnen gegliederten Nordhang und steigt entlang einer deutlichen Felsrippe rechts eines freistehenden Felszapfens so weit hinauf, bis man im oberen Ansatz der Felsrippe einfach auf die Reste des Schwerteckkeeses queren kann. Nun flach in langer Traverse westwärts und hindernislos auf den Gipfel. Abfahrt wie Anstieg.

Einkehr: Glocknerhaus (www.dasglocknerhaus.at)

Variante/Tipp: Aus dem Sattel nördlich des Schwerteckgipfels kann auch der Kellerskopf (3239 m) mitgenommen werden.

Weitere Touren in der Region:
Skitourenatlas
Salzburg – Berchtesgaden,
Routen 316–337

Index

Clemens M. Hutter,
Thomas Neuhold
Skitourenatlas
Salzburg – Berchtesgaden

555 Routen, 113 Karten
288 Seiten, 11,5 x 18 cm
französische Broschur
EUR 22,–
ISBN 978-3-7025-0636-0

Kommen Sie auf Skitouren!

Der „Skitourenatlas Salzburg – Berchtesgaden" erscheint in verbesserter Neuauflage. Das Erfolgsrezept bleibt unverändert: Das Angebot von 555 Routen deckt den Bedarf aller Skibergsteiger. Ebenso erhalten bleibt das Prinzip, von einem Standort aus mehrere Alternativen anzubieten, damit je nach Wetter, Lust und Kondition die Wahl getroffen werden kann.

Tourengeher sind für ihr Verhalten in alpinem Gelände ausschließlich selbst verantwortlich. Deshalb ist es den beiden Autoren ein besonderes Anliegen, die Kenntnis alpiner Gefahren zu fördern – besonders durch die Einführung in die Lawinenkunde. Denn wer eine Gefahr und ihre Ursachen kennt, kann ihr ausweichen und teils lebensbedrohliche Risiken vermeiden.

Thomas Neuhold
100 Tagesrundtouren
Bergauf – bergab
auf neuen Wegen

224 Seiten, 11,5 x 18 cm
französische Broschur
EUR 22,–
ISBN 978-3-7025-0673-5

Eine Runde Sache!

Nach der Gipfelrast folgt der Abstieg ins Tal. Einfach den Anstieg zurücktrotten? Uninteressant, meint der Salzburger Journalist und Alpinist Thomas Neuhold: „Spannender wird der Abstieg, wenn er auf anderen Wegen verläuft."

Neuhold stellt 100 solcher Routen unterschiedlicher Schwierigkeit vor. Die notwendige Logistik wird dabei auf ein Minimum reduziert: Für diese Rundtouren ist weder ein zweiter Pkw noch ein öffentliches Verkehrsmittel notwendig. Die Unternehmungen sind als Tagestouren konzipiert, man braucht keine Übernachtung einzuplanen. Als exzellenter Kenner der heimischen Bergwelt hat der Autor jede Menge Zusatztipps parat. Die Rundtourenvorschläge umfassen alle Gebirgsgruppen vom Alpenvorland im Norden bis zu den Nockbergen und den Hohen Tauern im Süden, vom Wilden Kaiser und den Grasbergen im Westen bis zu den Niederen Tauern und dem Dachstein im Osten.